Los aceites de oliva
en la gastronomía del siglo XXI

Autor: Academia Española de Gastronomía

Fotografías: Mikel Alonso, excepto: Imagen MAS (tomate): pág. 249
y Trece por Dieciocho (oliva negra): pág. 279
Fotografías de las recetas: Mikel Alonso, excepto:
Antonio Guillén Estévez: restaurantes "Anthuriun" y "Bamira"
Carmen Barea: restaurante "Toñi Vicente"
Imagen MAS: restaurantes "Ca Sento", "El Rincón de Pepe" y "Vivaldi"
Joan Llenas Sunyer: restaurantes "Can Fabes" y "Santceloni"
Nano Cañas: restaurante "La Broche"
Pablo Jiménez Sancho: restaurantes "Aldebarán", "Café de París", "La Alquería" y "Las Rejas"
Tragaluz Fotografía: restaurantes "Casa Gerardo" y "L´Alezna"
    Además, queremos agradecer la colaboración y cesión desinteresada de fotografías a los
siguientes restaurantes: "El Bohío", "El Bulli", "El Poblet", "La Taberna de Rotillo" "Lillas Pastia",
"Maher" y "Tristán"

Dirección editorial: Raquel López Varela
Coordinación editorial: Ángeles Llamazares Álvarez
Diseño del libro: David de Ramón y Blas Rico
Diseño de cubierta: David de Ramón y Blas Rico
Tratamiento digital de las imágenes: David Aller y Ángel Rodríguez
Maquetación: Eva Martín Villalba y Carmen García Rodríguez

© Academia Española de Gastronomía
y EDITORIAL EVEREST, S. A.
Carretera León - La Coruña, km 5 - LEÓN
ISBN-10: 84-241-8484-X
Depósito Legal: LE. 1703-2006
Printed in Spain - Impreso en España

EDITORIAL EVERGRÁFICAS, S. L.
Carretera León - La Coruña, km 5 LEÓN (ESPAÑA)

www.everest.es
Atención al cliente: 902 123 400

Academia Española de Gastronomía
Presidente: Rafael Ansón

EVEREST

Índice

PRÓLOGO 8

INTRODUCCIÓN 10

CAPÍTULO 1

Importancia y significado

del aceite de oliva 16

Rafael Ansón

La inmensa variedad de aceites de oliva 17

Las variedades de aceituna 18

Otras variedades más localizadas 22

Las variedades de refuerzo y las minoritarias 24

Aceites varietales y ensamblados 25

Artesanía y territorio 28

Variedades de aceites "varietales" 28

Rendimiento y resistencia. Los ensamblajes 30

No hay reglas fijas 31

Clases de aceites 31

Aceites frutados o afrutados 33

Alimento y condimento 37

Hacer delicioso lo insulso 38

Los aceites crudos 38

Los aceites para freír 40

Pérdidas en el proceso de cocinado 41

La experimentación de los sabores 41

Un aceite para cada plato 42

Pescados y carnes 43

Consejos para el buen uso de los aceites 43

Los mejores aceites del mercado

con nombres y apellidos 44

Decálogo del aceite de oliva virgen 45

Clasificación de los aceites de oliva virgen extra 46

CAPÍTULO 2

Historia y leyenda 48

Ismael Díaz Yubero y José Manuel Ávila

Las leyendas 49

La historia 50

La participación

española 52

CAPÍTULO 3

El olivo y el aceite 58

Vicente Fernández Lobato e Ismael Díaz Yubero

El árbol 59

El área geográfica 60

El olivo, la viña y el almendro 60

La lucha contra la desertización 61

La importancia económica 62

La importancia social 64

La función medioambiental 64

De la aceituna al aceite 64

CAPÍTULO 4

El aceite de oliva virgen y otros aceites 66

Cristino Lobillo

El almacenamiento 69

La química del aceite 70

Características de los aceites de oliva 71

Tipos de aceite de oliva 73

CAPÍTULO 5

Variedades de olivos y aceites 76

Álvaro González Coloma

Las principales variedades españolas 79

Las principales variedades italianas 94

Las principales variedades griegas 95

Las principales variedades portuguesas 95

Las principales variedades francesas 96

CAPÍTULO 6

Los aceites de oliva

en la gastronomía del siglo XXI 98

Rafael Ansón y Michel Rolland

CAPÍTULO 7

Palatabilidad del aceite de oliva:

el fascinante mundo de la cata

del aceite de oliva 104

Mª Isabel Mijares y Álvaro González Coloma

¿Cómo se cata el aceite de oliva? 107

CAPÍTULO 8

Los nuevos aceites españoles   114

José Carlos Capel

RECETAS   118

Andalucía: *La Alquería y Café de París*

Aragón: *Lillas Pastias y Las Torres*

Canarias: *Anthuriun y Bamira*

Cantabria: *Cenador de Amós y San Román de Escalante*

Castilla-La Mancha: *El Bohío y Las Rejas*

Castilla y León: *Chez Víctor y Vivaldi*

Cataluña: *Can Fabes y El Bulli*

Comunidad de Madrid: *La Broche y Santceloni*

Comunidad Foral de Navarra: *Maher y Rodero*

Comunidad Valenciana: *Ca Sento y El Poblet*

Extremadura: *Aldebarán y Atrio*

Galicia: *La Taberna de Rotilio y Toñi Vicente*

Islas Baleares: *Cana Joana y Tristán*

La Rioja: *Casa Toni y Echaurren*

País Vasco: *Arzak y Martín Berasategui*

Principado de Asturias: *Casa Gerardo y L'Alezna*

Región de Murcia: *El Rincón de Pepe*

Ceuta: *El Refectorio*

Melilla: *Los Salazones*

ANEXO 1

**LAS REGIONES PRODUCTORAS
DEL ACEITE DE OLIVA**   230

Vicente Fernández Lobato

ANEXO 2

USOS HISTÓRICOS DEL ACEITE   242

Ismael Díaz Yubero

El significado sagrado   244

Como combustible   245

Como cosmético   246

Alimento y condimento   248

... Y como medicamento   250

ANEXO 3

LA ELABORACIÓN DEL ACEITE DE OLIVA   252

Álvaro González Coloma

El olivo y la aceituna   253

La recolección   254

Del campo a la almazara   256

La recepción, la limpieza y el lavado   257

La molienda   258

El batido   258

La separación de fases   258

El almacenamiento y la conservación   264

ANEXO 4

ACEITE DE OLIVA: NUTRICIÓN Y SALUD   266

Gregorio Varela Moreiras y Olga Moreiras Tuni

Antecedentes   267

Bromatología y preparación culinaria   268

Aceite de oliva y dieta mediterránea   270

Aceite de oliva y pirámide alimentaria
   mediterránea   273

Recomendaciones y conclusión   274

ANEXO 5

ACEITE DE OLIVA Y SALUD   276

Antonio López Farré y Zuriñe Ibarra

El efecto beneficioso del aceite de oliva
   sobre el sistema digestivo   278

El aceite de oliva y el sistema cardiovascular   280

¿Qué es la funcionalidad vascular?   281

Otros efectos del aceite de oliva sobre la salud   283

Los autores   286

Bibliografía   287

Museos del aceite   288

Índice de recetas   290

Restaurantes   294

Jefes de cocina   295

Los mejores aceites   296

Introducción

Éste no es un libro "de los habituales" sobre el aceite de oliva. Naturalmente, se describen sus características nutricionales, sus peculiaridades gastronómicas y sus orígenes. Pero, es, y sobre todo, **un libro de gastronomía**. La idea de la Editorial y de la Academia Española de Gastronomía es incorporar el aceite de oliva a la gastronomía del siglo XXI. Para ello, se ha tratado de pasar, incluso en el título, de hablar del aceite de oliva en singular a los aceites en plural y, naturalmente, centrarse en los aceites de oliva virgen extra. Pero, en último término, hablar del aceite de oliva virgen extra es como decir vino bueno. Naturalmente, los mejores aceites de oliva son los virgen extra, pero es obvio que conviene empezar a distinguirlos según el tipo de aceituna, el territorio donde se cultiva el olivo, las formas de recolección y su tratamiento.

Al final, se trata de ver las posibilidades que el aceite de oliva, los aceites de oliva virgen extra, ofrecen a los cocineros en este umbral del siglo XXI. Para ello, la Academia y la Editorial se han dirigido a los cocineros más destacados por la Guía CAMPSA en cada una de las 17 Comunidades Autónomas, y en Ceuta y Melilla. Cada uno de ellos ha contribuido de forma desinteresada en este libro con recetas en las que el aceite o, mejor dicho, los aceites de oliva virgen extra son los protagonistas. Gracias de verdad a todos ellos por el esfuerzo que han realizado para ofrecer a los lectores, a los cocineros, a los estudiantes de las Escuelas de Hostelería y a los restaurantes la posibilidad de incorporar el aceite de oliva, los aceites de oliva virgen extra, a recetas y platos creativos e innovadores y de una calidad gastronómica excepcional, contrastada por la Academia. En el libro participan 35 restaurantes, entre ellos muchos 3 y 2 estrellas Michelín, y también de los 3 soles de la Guía CAMPSA. Nombres míticos como Ferran Adrià, Juan Mari Arzak, Martín Berasategui, Santi Santamaria, Manuel de la Osa, Toño Pérez, Sergi Arola, Raúl Aleixandre, Quique Dacosta... todos han querido contribuir a convertir los aceites de oliva en los grandes protagonistas de la gastronomía del siglo XXI.

Además de la colaboración de estos 35 jefes de cocina, este libro ha sido posible gracias al trabajo y a la colaboración de muchas personas e instituciones.

Desde hace años, la **Academia Española de Gastronomía**, se planteó la necesidad de mejorar la cultura del vino en España. Hace dos años, tomó la iniciativa de llevar a cabo un proceso paralelo en lo referido al aceite de oliva virgen extra. Ya es el momento de que la hasta ahora escasa relación de los españoles con el aceite se refuerce. Somos el primer país productor del mundo en cantidad y calidad, y que lo sepamos transmitir adecuadamente y enseñar a utilizarlo como es debido en cada ocasión es nuestra obligación. Tenemos que hablar del aceite de oliva y de sus variedades, muchas e importantes, de los ensamblajes y de sus propiedades y de las ventajas culinarias, nutricionales, dietéticas y gastronómicas.

El aceite de oliva virgen extra de calidad era "italiano". También hasta hace unos años, el vino de calidad era sólo "francés"... Ya no es así. Esperemos que ocurra lo mismo con el aceite en los próximos años.

Como complemento a la actividad de la Academia, un español, un oleólogo excepcional, Cristino Lobillo, que lleva años trabajando sobre este tema, ha hecho una aportación fundamental a este libro. También en mi capítulo sobre la "Importancia y significado del aceite de oliva" ha colaborado Ismael Díaz Yubero. A los dos quiero felicitarles y agradecerles su colaboración.Por otro lado, Ismael Díaz Yubero ha llevado a cabo la coordinación general del libro. Sin él, éste no existiría. También quiero dar las gracias a Maribel Mijares, a su Laboratorio de Análisis Sensorial y a sus colaboradores y colaboradoras.

Y felicitar, una vez más, a "Everest" por su sensibilidad para todo lo que se refiere al mundo de la gastronomía. Es, sin duda, la editorial que está dedicando más tiempo y esfuerzo a mejorar el conocimiento y la cultura gastronómica en nuestro país. Y en esa felicitación destacar, especialmente, a Raquel López Varela, Directora de Publicaciones.

De forma muy singular, la Academia creó un Comité para el tema del aceite de oliva, integrado por Clara Mª Amezúa, Ismael Díaz Yubero, Cristino Lobillo, el Marqués de Griñón, José Carlos Capel y Luis Miguel Beneyto. A todos ellos, gracias. Por último, felicitar a todas las empresas españolas que durante estos años están elaborando aceites de oliva virgen extra de calidad excepcional. El resumen de algunos de ellos (seleccionados por Cristino Lobillo, Ismael Díaz Yubero y el Laboratorio de Análisis Sensorial) figuran al final de mi capítulo, enmarcados en uno de los dos tipos básicos de aceite de oliva virgen extra: suaves e intensos. Seguro que son todos los que están aunque, sin duda, falten algunos, que se incorporarán en próximas ediciones.

RAFAEL ANSÓN

Presidente de la Academia Española de Gastronomía

se produce, ha tenido siempre un significado que va más allá que el de otros alimentos, porque en realidad es mucho más que un alimento.

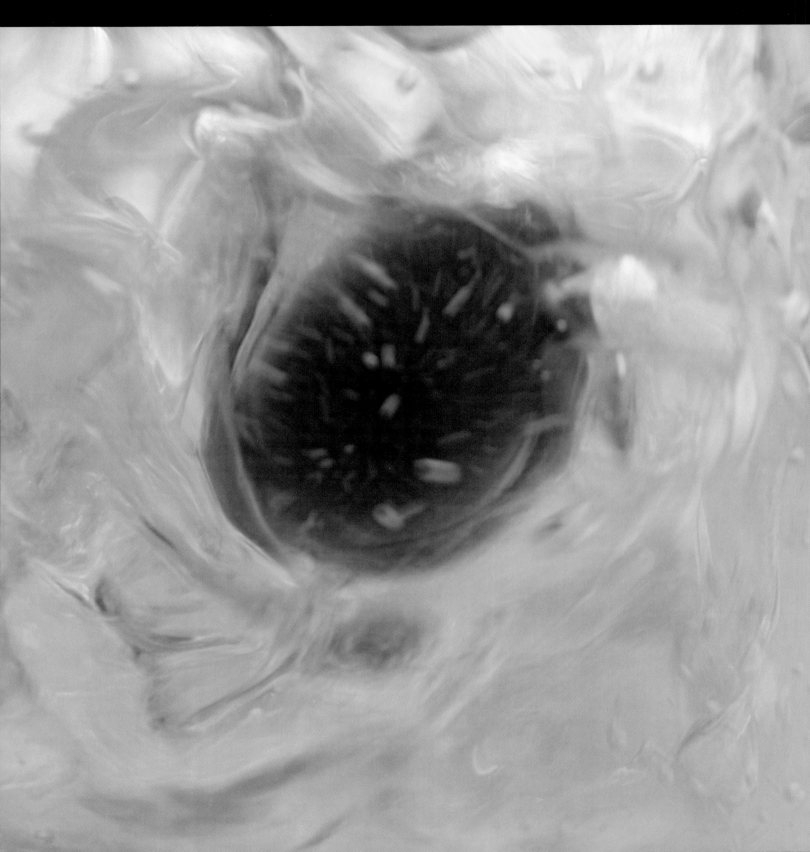

1

Importancia y significado del aceite de oliva

Rafael Ansón

La razón de que este aceite y el árbol (que produce el fruto del que se obtiene) hayan tenido un significado especial, en el que se mezclan los matices míticos, mágicos y religiosos, se debe principalmente a la importancia que tiene, ha tenido y tendrá en la economía de las regiones que lo producen, en su variadísima utilización y en la particularidad de que, después de muchos años, sigue sin encontrarse una grasa que reúna tantas y tan buenas condiciones.

Todas las religiones mediterráneas le han hecho objeto de culto. Atenea entre los griegos y Minerva para los romanos fueron sus creadores. Y las leyendas nos dicen que, por esta razón, son merecedoras del premio a la más importante contribución al progreso de la humanidad. Las religiones monoteístas han considerado al olivo y al aceite como un bien especial y, por eso, su utilización y significado tienen connotaciones supranaturales que han hecho al árbol símbolo de la paz, y al aceite símbolo de purificación. Quizás por todos estos motivos, el aforismo latino de *"Olea prima omnium arborum est"* tiene tantos significados.

En las distintas culturas, el aceite ha sido combustible selecto, el mejor para proporcionar luz; bálsamo necesario para "gozar de buena salud y alcanzar gran edad", según Demócrito de Abdera; alimento protagonista de platos escogidos, que figuran en los recetarios de Arquestrato, Apicius, Arbulí, Ibn-Al-Jatib y otros muchos autores; medicina de muy variados usos y nu-

triente de innumerables aplicaciones, todavía actuales, en beneficio de nuestra salud.

Keys, con el descubrimiento de una dieta que se practica en los países del Sur de Europa y su posterior enunciado, con la colaboración de Francisco Grande Covián, de la teoría lipídica y la descripción del más perfecto modelo alimentario, la DIETA MEDITERRÁNEA (en la que **el aceite juega un papel preponderante**, pues se le otorga la responsabilidad de ser el causante de la baja incidencia de las enfermedades cardiocirculatorias de los pueblos que la practican), fue el divulgador mundial de una nueva, admirada e interesante forma de comer.

La inmensa variedad de aceites de oliva

Es importante tener presente que no existe un solo aceite de oliva, porque las características del terreno, la climatología, la variedad de aceituna, el sistema de recogida y el tratamiento transformador van a dar lugar a infinitos aceites, de la misma forma que hay infinitos vinos.

En todos los demás aceites vegetales, los de semillas, las propiedades sensoriales son muy homogéneas para los de cada procedencia, por lo que se parecen mucho entre sí (aceites de girasol, colza, soja, etc.). La composición de las semillas es muy parecida, en el proceso extractivo se emplean métodos por calor

17

o por solventes, que responden a un mismo patrón y, posteriormente, se homogenizan, con objeto de que cumplan unas condiciones prefijadas, consagradas por un comercio que pretende ofrecer un producto estándar, siempre igual. Incluso existen muy pocas diferencias entre las diferentes marcas, aunque procedan de países muy distantes. Esta situación es cada vez más acusada, porque las semillas más productivas (a veces manipuladas genéticamente) son las que copan el mercado, las maquinarias son cada vez más parecidas y los procesos de extracción más exhaustivos, para así poder obtener el máximo rendimiento. Las semillas son "domesticables", las tecnologías de las multinacionales aceiteras casi únicas y, por ello, el mercado tiende a globalizarse.

El olivo tiene vocación productiva siempre, pero su utilización ha tenido y tiene fines complejos. Muchas veces ha ocupado tierras en las que no eran posibles otros cultivos y, a veces, se han plantado en terrenos de difícil acceso debido a que su cultivo no exige demasiadas labores agrícolas y, por eso, es frecuente verlo en laderas empinadas. Otras veces está en tierras muy secas, con un subsuelo de granito o de pizarra que las raíces del árbol rompen para conseguir la humedad que le permita vivir. En ocasiones, crece en terrenos ricos en minerales y en materia orgánica, en tierras de aluvión o de cascajos, arcillosas o calcáreas, de montaña o de campiña, en vegas fértiles, en explotaciones tradicionales (de unos 100 árboles por hectárea), o en modernas explotaciones con más de 1 000 pies por hectárea, con riego por goteo, laboreo y recogida mecanizada. Hay muchos modelos, consecuencia de la adaptabilidad de su producción a climas, suelos y laboreos, que además siempre tienen una función ecológica, proporcionando unos nichos ambientales que permiten la pervivencia de algunas especies vegetales y animales, que subsisten gracias al olivar. Hay que hacer un elogio a su contribución a la producción de oxígeno en tierras casi desiertas y a su función en la lucha contra los incendios. Un olivar nunca se quema y, por eso, su utilización como cortafuegos empieza a ser una práctica agrícola muy recomendable en determinadas circunstancias.

Las variedades de aceituna

Todos los olivos cultivados descienden de un árbol salvaje, **el acebuche**, que todavía puede encontrarse en todo el área mediterránea, y que constituye una reserva genética que conviene mucho preservar y proteger. Todos los olivos pertenecen al género *Olea europaea*, que muestra una gran diversidad de características edafológicas y productivas.

Hay variedades que resisten muy bien a la sequía, otras aguantan bien los fríos invernales, las

Acebuche

necesario proteger el aceite de la luz y del oxígeno, lo que exige depósitos inertizados.

Hay una tercera variedad de Verdial, la **VERDIAL DE HUÉVAR**, también conocida como Verdial Duro y Verdial Real, que se produce en las provincias de Sevilla y Huelva, y da un aceite ligero, bastante astringente, algo amargo y picante. Los que la aprecian hacen constar que **su sabor a menta es inigualable**. Se suele comercializar ensamblada con otras variedades o destinarse al consumo local.

La **MANZANILLA SEVILLANA** se destina sobre todo al **verdeo**, pero últimamente y en cantidades pequeñas, mezclada con otras variedades como la Hojiblanca y Picual, proporciona un interesante punto de aromas y sabores.

La **MANZANILLA CACEREÑA,** la variedad exclusiva en la elaboración de los aceites de la D. O. P. "Gata-Hurdes", proporciona unos aceites con aromas herbáceos, picantes y un punto amargos, con la particularidad de que son muy afrutados y con **recuerdos a plátano**.

Con el nombre de **SEVILLENCA** se conoce una variedad que se produce en las provincias de Tarragona, Castellón y Valencia, que participa en la elaboración de los aceites de la D. O. P. "Aceite del Baix Ebre-Montsià". Es muy afrutada, con ligero **gusto a manzana** y almendra, y algo picante.

También en las comarcas del Baix Ebre y Montsià se produce la variedad **MORRUT**, que es muy aromática y con una personalidad muy definida. Se ensambla muy bien con la Sevillenca, la Picual y la Arbequina.

La variedad **BLANQUETA**, cultivada en Valencia, Alicante, Murcia y Albacete, recibe este nombre porque, al madurar, no llega a pigmentar totalmente la piel. Produce aceites muy apreciados localmente por su característico afrutado, ligero amargor y su sabor a almendra.

La **CHANGLOT REAL**, de origen valenciano (aunque extendida por Andalucía), recibe este nombre por la particularidad de **agruparse en pequeños racimos** (*"Changlot"* en valenciano significa "fragmento de racimo de uvas"). Su aceite es muy afrutado con notas de manzana y verde.

Las variedades de refuerzo y las minoritarias

Hay otras muchas variedades como la **OJUDO**, la **OJO DE LIEBRE**, la **ALAMEÑA**, la **CAÑIBANO**, las granadinas **LOAIME** y **LUCIO**, que refuerzan a la Picual en las D. O. P. "Montes de Granada" y "Poniente de Granada", todas ellas citadas y presentes en las famosas láminas del profesor Colmeiro, la **ARBOSANA,** la **ROYAL,** la **RASPASAYO,** la **OBLONGA,** la **NEGRAL**, etc., y algunas de moderna implantación y procedencia externa, todavía minoritarias, como la **FRANTOIO** italiana y la **KORONEIKI** griega. Todas son interesantes, porque aportan matices que pueden enriquecer al complejo mundo de los aceites y, por ello, sería conveniente que, con las variedades citadas y con otras muchas más que existen en nuestro país y que pueden perderse si no se toman medidas, se proceda a la creación de un "Banco de Germoplasma", que perpetúe su existencia, a disposición de quienes, en algún momento, estén interesados en ellas.

Si tenemos en cuenta la gran variedad de aceitunas existentes y que su desarrollo (y, por tanto, sus características) varía en función de los suelos, de los cuidados que se practiquen en la plantación, del sistema de cultivo, de la recogida, etc., nos hacemos una idea de que las posibilidades de obtener diferentes aceites es casi infinita.

Hay incluso variedades que están en recuperación, como sucede con la **ARBOSANA**, con la que se ha procedido recientemente a nuevas plantaciones con muy buenos resultados, por lo que es de suponer que continuará su expansión

Últimamente, estamos asistiendo a otro hecho que consiste en la plantación de determinadas variedades en regiones en las que no habían existido nunca, tal como sucede con la Arbequina, que hoy está presente en Andalucía, Valencia, Extremadura y Castilla-La Mancha, y que tiende a expandirse. Como es lógico, ni las características del árbol ni las de la fruta que produce son idénticas a las de la región de procedencia y, consecuentemente, los aceites obtenidos con ella tienen una personalidad distinta.

También se está procediendo a importar variedades, de Italia y Grecia fundamentalmente, que pueden contribuir a mejorar la diversidad, aportar interesantes matices a nuestras variedades y hacer todavía más complejo el inmenso mundo del aceite de oliva virgen.

Seguramente ocurrirá lo que hace unos años sucedió con los vinos, y el resultado final será, sin duda, una mayor disponibilidad de aceites, una mayor riqueza de matices y unas definidas características que nos permitirán unirlos en amplios grupos y, en definitiva, en un mayor y mejor conocimiento de este producto.

Aceites varietales y ensamblados

El concepto de varietal, que en el caso del vino se ha arraigado -e, incluso, se ha consagrado-, no tiene todavía la misma importancia comercial en el aceite, pero las circunstancias que rigen el mercado indican que el camino que recorrerá será muy similar. La razón principal (casi la única) de que esto no se haya producido antes reside en el hecho de que las empresas productoras de aceite han tardado más en iniciar estas prácticas comerciales que, en definitiva, son un servicio al consumidor.

El mercado del aceite de oliva ha estado dominado durante muchos años por un tipo: el **refinado**. Este aceite se obtiene en un complejo proceso que consiste en quitar los defectos que pueda tener el producto ori-

ginal, evitando de esta forma el exceso de acidez, eliminando impurezas, posibles aromas o sabores extraños y, al mismo tiempo, desposeyéndole de muchas de sus propiedades positivas, como aromas y sabores.

En la obtención del aceite refinado no tiene demasiada importancia la calidad de la aceituna, ni el estado de madurez, ni la forma de recogerla, ni el atrojamiento posterior, porque durante el proceso de elaboración se corrigen los defectos. La variedad empleada, en este caso, es secundaria, y por eso o no figura en la etiqueta o es intranscendente la mención de la aceituna de procedencia. Tras la adición de una pequeña cantidad de aceite virgen, la denominación legal que durante muchos años designaba a este producto fue la de "puro", y es evidente que el término es muy apropiado para confundir al consumidor que, al menos en principio, tiende a asociarlo a un producto de alta calidad.

Otro problema que ha existido durante mucho tiempo es el equivocado criterio generalizado, que aún hoy persiste (aunque menos) de que la calidad del aceite reside casi exclusivamente en la acidez e incluso hay testimonios escritos que recomiendan el consumo de aceite de "1,5º de acidez o por lo menos de 1º", lo que hizo que, en algunos aceites refinados y vírgenes, se indicase en el etiquetado una acidez superior a la real. Afortunadamente, el criterio de que, en lo referente a la acidez de los aceites vírgenes, es mejor el que menos tiene (que responde a la realidad), se ha ido haciendo más amplio y hoy los aceites mejores presumen de tener una acidez de 0,2º, y el público entendido distingue estos aceites con una demanda cada vez mayor.

La imagen del aceite ha cambiado mucho, para bien y en todos los aspectos: comenzando por la información de las etiquetas, siguiendo por los envases utilizados, que casi siempre eran de plástico y están pasando a ser de cristal, por su diseño, cada vez mejor, por los controles que se practican y, sobre todo, por la calidad del aceite.

También ha cambiado el concepto, porque ha pasado a ser excelente (desde los puntos de vista nutricional, dietético y gastronómico) el mismo producto que hace unos pocos años era, erróneamente, considerado indigesto, desaconsejado en regímenes alimentarios para combatir el colesterol, y poco fino. Que el motor del reconocimiento a las virtudes nutricionales del aceite de oliva fuese un norteamericano que, además, no tenía antecedentes latinos, el profesor Keys, contribuyó al cambio de imagen en todo el mundo que desconocía esta grasa, pero también, y hay que reconocerlo, en España, en Italia y en el resto de los países tradicionalmente productores.

Artesanía y territorio

Durante muchos años la elección de un aceite de oliva virgen se hacía sobre todo por el origen, y se mezclaban el concepto de artesanía con el de región y comercialización directa. La variedad productora no siempre era una, porque muchas veces en un mismo término municipal, e incluso en una misma explotación, coexisten diversas variedades, que no necesariamente intervienen en la misma proporción. Si a esto añadimos que el almacenamiento, tanto de la aceituna como del aceite terminado, no siempre era la adecuada y que el enranciamiento llegaba a hacerse notar, era frecuente que el aceite de elección fuese muy diferente de unas veces a otras y en función de las circunstancias.

La demanda actual se dirige a aceites lo más auténticos posible, poco manipulados, obtenidos ecológicamente, aunque en general todo el aceite de oliva es muy natural, porque el olivo no requiere muchos tratamientos fitosanitarios ni abonados excesivos, y porque cada vez se trata mejor a la aceituna.

El consumidor busca más los aceites vírgenes y, lo que es más importante, empieza a distinguirlos por su procedencia geográfica, amparada en las diferentes

Denominaciones de Origen y por la variedad de la aceituna con la que se elaboró.

Empieza a hablarse de aceite de Arbequina, de Hojiblanca, de Cornicabra o de Picual; se distingue al procedente de aceituna de recogida temprana del que se ha elaborado con la recogida tardíamente, y es lógico, porque los aromas, los sabores y el resto de las características sensoriales son distintas, y empiezan a tener mercado, en algunos casos ya considerable, aceites muy bien estudiados, de gran calidad, cuyo precio duplica, triplica e incluso es ocho o diez veces más alto que el aceite estándar. Está empezando a pasar lo mismo que con el mercado del vino, en el que coexisten caldos que tienen una diferencia de precio de hasta 50 ó 60 veces, con la particularidad de que estos vinos y estos aceites más caros generalmente son los que antes se terminan, los que más busca el consumidor y los que más prestigio tienen porque, a cambio, son los mejores, los que compensan el coste por sus cualidades.

Variedades de aceites "varietales"

Los aceites varietales son un concepto nuevo. Han existido de toda la vida, porque siempre ha habido aceites de determinadas regiones en las que sólo se cultiva un tipo de olivo. Por ejemplo, en grandes extensiones de la provincia de Toledo sólo hay Cornicabra, y lo mismo sucede con la Picual en casi toda la provincia de Jaén pero, salvo excepciones, en el etiquetado no se hacía constar para nada la variedad productora.

Lo mismo sucedía con los aceites ensamblados: siempre los ha habido, porque eran la consecuencia de la coexistencia de distintas variedades en una misma comarca y, por eso, los aceites de la D. O. "Siurana" tradicionalmente eran elaborados con aceituna Arbequina, pero también Royal y Morrut, porque no se hacía una separación previa de las aceitunas de las diferentes

Decálogo del aceite de oliva virgen

1.- Es el zumo de la aceituna, la única grasa obtenida directamente, sin solventes ni calentamiento, sólo por presión mecánica y, por lo tanto, la más **natural**.

2.- Es un alimento, pero también un **aderezo** que saboriza nuestra cocina y, además, tiene un gran valor nutricional por su composición en ácidos grasos saludables y en vitaminas liposolubles.

3.- El aceite de oliva es **perecedero** porque evoluciona con el tiempo y pierde valor nutricional y se oxida. Compre siempre aceite del año para que sus cualidades no se hayan degradado.

4.- Prefiera siempre los envases que no permitan el paso de la luz (botellas oscuras, latas, cerámica, etc.) para que se retrasen las oxidaciones. Prefiera los que tengan un **dispositivo regulador de salida y sistema antigoteo**.

5.- Cada aceite tiene unas cualidades gustativas determinadas, que le hacen idóneo para unas determinadas recetas. Cuando quiera aderezar un plato y darle sabor, use aceites **intensos**, y cuando quiera que predominen los sabores de los otros ingredientes emplee aceites **suaves**. La armonía del aceite con el plato es fundamental.

6.- Si quiere disfrutar al máximo de las cualidades gustativas del aceite tenga siempre disponible al menos **4 tipos: suave frutado, suave maduro, intenso frutado e intenso maduro**.

7.- El aceite de oliva es el que más cunde porque se necesita menos cantidad para dar el mismo sabor, por ser el más sabroso, porque en el calentamiento es el que más se dilata y porque aguanta mejor las altas temperaturas, por lo que los alimentos se fríen mejor y absorben menos aceite.

8.- No mezcle aceites de distintas clases y nunca el virgen con cualquier otro. Tampoco debe mezclarse el aceite de diferentes marcas.

9.- Los estudios científicos demuestran que el aceite de oliva virgen tiene **efectos favorables para la salud**, especialmente en la prevención de las enfermedades cardiocirculatorias, favorecedor de la producción de colesterol bueno y limitación del colesterol malo, en la prevención de distintos tipos de cáncer, por sus propiedades digestivas, por la protección de las células neuronales y por sus propiedades antiinflamatorias y antioxidantes.

10.- Elija en cada caso el aceite que más le guste, entre la diversidad de oferta de aceites varietales o ensamblados y entre las diferentes regiones productoras. Las Denominaciones de Origen y los aceites ecológicos ofrecen garantías adicionales. La diversidad de aromas, sabores y características generales se debe a la gran variedad de aceitunas existente en España (Arbequina, Picual, Hojiblanca, Cornicabra, Empeltre, Lechín, Royal, Changlot, etc.) y a la circunstancia de que cada una de estas variedades presenta diferencias en su composición en función de los terrenos de cultivo, los climas y las regiones productoras. Hay reconocidas oficialmente **20 Denominaciones de Origen** que garantizan la calidad de los aceites de oliva vírgenes.

Clasificación de los
aceites de oliva virgen extra

Frutados suaves	Frutados intensos
Abbae de Queiles	Canoliva
Antara	Capioliva
Carbonell Arbequina	Carbonell Selección
Dauro Aubocassa	Castillo de Canena
Dauro de L´Empordà	Castillo de Tabernas
Gasull	Cladium
L´Estornell	Cortijo de Gobantes
La Amarilla de Ronda Suave	Dintel (Selección Especial)
La Boella Premium	Fuente de la Madera
La Unió	Hacienda 1917
Marqués de Valdueza	Hacienda Fuencubierta
Románico Esencia	Hojiblanca Selección
Torre Real	JCI
	La Amarilla de Ronda Intenso
	Laguna de Fuente de Piedra
	Los Vergeles de Moraila
	Maeva
	Marqués de Griñón
	Molino de San Nicolás
	Núñez de Prado
	Oleoestepa
	Oro de Génave
	Orobaena
	Valderrama
	Veraoliva
	Ybarra

Historia y leyenda

Ismael Díaz Yubero y José Manuel Ávila

El olivo tiene una interesante historia, como corresponde a un árbol que es capaz de producir un fruto comestible y algo tan polivalente como el aceite, que es al mismo tiempo alimento, condimento, cosmético, bálsamo, medicina y combustible. La elección de una rama de olivo para indicar el fin de un desastre -el diluvio universal-, el signo de la victoria -en forma de coronas trenzadas-, para distinguir a los ciudadanos que habían honrado a la patria, la representación de la inmortalidad o el símbolo de la paz tiene su razón de ser en el agradecimiento a un árbol del que se derivan muchos beneficios.

Las leyendas

Las leyendas son consecuencia de su utilidad, y de todas ellas la más famosa es la de la **fundación de Atenas**, que en aquel momento representaba el más grande e importante núcleo de la civilización. Discutían Poseidón y Palas Atenea acerca del privilegio de dar nombre a la ciudad y no se sabe muy bien si fueron los 12 grandes dioses o el pueblo reunido en asamblea magna quienes encargaron a Cecrops, que fue el primer rey legendario de la ciudad, el privilegio de darle el nombre en recuerdo de la divinidad que más hiciese por la humanidad. Aunque se desconoce todo sobre encuentros previos, a la final llegaron Poseidón y Palas Atenea. El dios griego de los mares golpeó con su tridente una roca y surgió el caballo, representante de la inteligencia, el valor y la fuerza, entre todas las otras especies del reino animal. La diosa clavó su lanza en la tierra y surgió el olivo, que puede vivir centenares de años, da frutos comestibles y, además, puede extraerse de él un jugo maravilloso: el aceite de oliva. Desde entonces, Atenas debe su nombre a tan prestigiosa diosa.

Más tarde, los romanos hicieron que Minerva (nombre que adoptó para este pueblo Palas Atenea) fuese la diosa de la agricultura, de la industria y de las artes y se cuenta que en algunas regiones de la Italia actual, cuando se empieza a arar una tierra, se pasa por la reja una **rama de olivo**, invocando con este acto, de clara raíz pagana, una buena cosecha.

La leyenda cristiana cuenta que cuando Adán estaba a punto de morir, un ángel se le apareció a uno de sus hijos y le ordenó que antes de enterrarlo colocara entre sus labios las tres semillas que le encomendaba. De la tumba de nuestro progenitor brotaron tres árboles: un olivo, un ciprés y un cedro. Cada árbol tiene su significado y al olivo se le atribuye la **inmortalidad**, por la particularidad que tiene esta planta que, cuando es muy vieja, hace brotar un joven retoño que le sucede. De su fruto se obtiene el óleo, que representa el espíritu de Dios.

También en el Corán se encuentran repetidas referencias al aceite de oliva, algunas tan poéticas y llenas de significado como la siguiente: *"La candileja está en un recipiente de vidrio que parece un astro rutilante. Se en-*

49

ciende gracias a un árbol bendito, no oriental ni occidental, cuyo aceite casi reluce aunque no lo toque el fuego".

La historia

La historia del olivo comenzó, según José María Blázquez, hace 12 000 años y se extendió por el Mediterráneo; por ello, se han encontrado fósiles de hojas de olivo en los yacimientos pliocénicos de Mongardino, en Italia, en el Norte de África y en excavaciones de la Edad del Bronce en España. El cultivo del olivo data de unos seis milenios y comenzó en Asia Menor, más concretamente en Asiria y Babilonia.

El acebuche u oleastro (*Olea oleaster*) fue el antecedente del olivo actual (*Olea europaea*), común para todas las variedades explotadas. Del fruto del árbol salvaje se obtuvo el primer aceite, que se empleó desde el principio como alimento, como carburante y como ungüento (y, especialmente en esta forma, ya que al ser un producto escaso, la salud era prioritaria, sobre todo en un momento en el que ungüentos y brebajes eran la

base de una farmacopea inicial), hasta el punto de que en Babilonia al médico se le designaba con el nombre de "asu", que significa conocedor de los aceites.

Se cree que el cultivo inicial del aceite se desarrolla entre Palestina, Egipto y Creta. Cretenses y filisteos se especializaron en su producción como principal fuente de riqueza, que se intercambiaba, en un primitivo sistema de comercio exterior, con los países vecinos. Prensas de aceitunas en Guezar, olivos multicentenarios en el huerto de Getsemaní (Palestina) -que literalmente significa "prensa de aceite"-, restos de rudimentarios sistemas de extracción de aceite de oliva encontrados en Israel, representaciones de esclavos moliendo aceitunas para preparar ungüentos encontradas en un mural de una tumba egipcia de unos 1 500 años a. de C., los frescos del palacio de Cnossos (actualmente en el Museo Arqueológico de Heraclión) o restos encontrados en los palacios construidos en el centro de los olivares de Faustos, Vathypetro y Hagia Tríada, en la isla de Creta, son los más antiguos indicios del cultivo del olivar y de la elaboración y consumo del aceite de oliva.

Por una parte, a través de Grecia y, por otra, desde el Mediterráneo occidental, el olivo se difundió y el aceite pasó a ser una riqueza muy significativa del mundo occidental.

En **Grecia** se han encontrado frecuentes representaciones de la leyenda de Poseidón y Atenea, que mereció la atención de un escultor tan significado como Fidias, que eligió el tema para decorar una de las fachadas del Partenón, de la que por desgracia sólo se han conservado algunos fragmentos que están en el Museo de la Acrópolis y en el *British Museum* de Londres. Las estatuillas de divinidades, hechas con madera de los olivos sagrados de Atenas, a las que se las impregnaba con aceite para que se conservasen, la coronación con ramos de olivo de los atletas vencedores en los Juegos Panatinaicos, las procesiones de vírgenes adornadas con ramas de olivo y el descubrimiento de cráteras y vasos de la época y de "lequitos" (nombre con el que se conoce a los envases

"Con dos cuarentenas y más de millares
le vimos de gentes armadas a punto
sin otro más pueblo inerme allí junto
entrar por la Vega talando olivares
tomando castillos, ganando lugares".

Recientemente me han contado que los emigrantes árabes que actualmente están en España, como signo de que los olivos que ellos mejoraron les siguen perteneciendo, cada año cogen un puñado de aceitunas de los árboles con carácter simbólico.

Sólo las clases altas y los clérigos tenían acceso al aceite y se cuenta que, en los monasterios, diariamente se distribuía a cada monje una ración para sazonar las comidas, lo que les permitía disponer de suficiente cantidad "sin despilfarro ni codicia". Pero llegó algún momento en el que había tan poco que fue necesario restringirlo exclusivamente a usos litúrgicos. El Jueves Santo se consagraba y se distribuía a todas las iglesias de la Diócesis, que debían administrarlo para que durase todo el año, sin que faltase nunca ni para los óleos ni para los candiles que lucían en los altares, que únicamente podían ser alimentados con aceite de oliva. Escaseó tanto que en la Orden de Las Criadas de Cristo llegó el momento en el que ni las enfermas podían tener su ración y, según se puede leer en la vida de Santa Clara, un día depositó un recipiente junto a las paredes exteriores del convento y, al ir a recogerlo, se había producido el milagro de que la vasija estaba llena de aceite de oliva.

Hacia el año 1000 se produce una recuperación de la economía, que se concreta en una cierta renovación de la gestión agrícola, bajo la dirección de los señores feudales o de las órdenes religiosas y, aunque no se alcanzan los niveles de producción de la antigüedad, se vuelve a utilizar el aceite en la alimentación, la medicina, la iluminación y, por supuesto, en los usos religiosos.

Los aceites de oliva en la gastronomía del siglo XXI

En el siglo XIV se lleva a cabo una difusión importante del olivo en el área mediterránea. Su longevidad y facilidad de cultivo es una inversión a largo plazo. Además, el aceite es utilizado de forma creciente como medio para conservar los alimentos que, cada vez más, se intercambian entre el Sur y el Norte de Europa.

En 1942 se descubre América y los españoles que allí llegan añoran el pan, el vino y el aceite de sus tierras de origen y ponen todos los medios para que los tres productos más apreciados y base de su alimentación se produzcan en las tierras recién descubiertas.

Pero **el aceite de oliva no siempre tuvo buena prensa**, e incluso durante mucho tiempo la tuvo mala. La mantequilla era una grasa mucho mejor considerada, más fina, e incluso se llegó a creer que más digestible y hasta más saludable. Y fueron muchos los que criticaron una gastronomía (a la que tachaban de ser un tanto bárbara) en la que el aceite y los ajos se dejaban notar excesivamente. La medicina también puso su granito de arena con la sublimación de la imagen de los ácidos grasos poliinsaturados: los aceites de girasol, de germen de maíz o de pepita de uva eran recomendados e, incluso, recetados para combatir la nueva plaga, el colesterol, que causaba estragos en EE UU y empezaba a presentar niveles altos en el resto de Europa y en España, en donde acabábamos de salir de un largo período de hambre, que se prolongó hasta mediados de los años 50 del pasado siglo, y empezábamos a tener las sintomatologías de una alimentación más rica en grasas y proteínas de lo que era conveniente. Para combatirlo, nada mejor que aceites "ligeros", de soja o de girasol, que sobraban en América y que muchos estudios aseguraban, adelantándose muchos años al reinado de los alimentos funcionales, que eran mucho mejores para la salud.

Por esa época, un investigador norteamericano, el profesor **Ancel Keys**, se vino al Sur de Europa a pasar un año sabático y descubrió que en Creta se vivía más y mejor y que la incidencia de las enfermedades coronarias era menor. Cuando lo contó en EE UU y enunció su teoría lipídica, basada en la conveniencia de que la ingesta de ácidos grasos monoinsaturados y, en concreto, del ácido oleico (que es el componente esencial del aceite de oliva), tuvo una fuerte contestación, pero la evidencia se fue imponiendo y hasta los mayores detractores empezaron a pensar que las teorías del profesor Keys (al que ayudaron su esposa Margaret y un médico español, el profesor Grande Covián) tenían fundamentos fisiológicos ya que los resultados se dejaban ver.

Algún tiempo después, unos delincuentes decidieron engañar al consumidor español mezclando el aceite de oliva con aceite desnaturalizado de colza y el resultado fue dramático. La noticia hizo que España no exportase aceite de oliva nada más que a Italia, que aprovechó la circunstancia y puso en el mercado internacional una gran cantidad de aceite, en parte suyo y en parte español, bien envasado, bien etiquetado y bien publicitado. En España continuamos durante una temporada consumiendo graneles y aceites refinados, envasados casi siempre en unas horribles botellas de plástico que servían indistintamente tanto para la más noble de las grasas como para la lejía.

Las cosas han cambiado -y mucho- en los últimos años y España ha pasado, oficialmente, a ser el mayor productor de aceite de oliva y a colocar en el mercado internacional un producto de excelente calidad (desde el punto de vista nutricional, dietético y gastronómico, en crecientes cantidades). Hoy en día hay olivares en América del Norte, del Centro y del Sur, en China, en Vietnam, en Oceanía meridional y en el Sur de África, pero todo hace pensar que, por mucho que aumente la oferta, la producción... lo va a hacer más intensamente la demanda.

56

Estos árboles... Cada uno es como un viejo que está aquí desde, ¿quién sabe?, Quizá 4 000 años. Ha visto tantas cosas, tantas generaciones. Lo cortas, tratas de matarlo y no se muere. Tú sólo míralo y te contará una historia. Los viejos siempre se sientan bajo un olivo. Tiene la cantidad justa de luz y de aire. Si te quedas dormido debajo de una higuera, te entra dolor de cabeza. Bajo un olivo, sueñas (Sotiris Plemmenos, citado por Mort Rosenblum).

La importancia social

La mayor parte del olivar se cultiva en propiedad, representando el cultivado en régimen de arrendamiento o en el de aparcería alrededor del 10%. El empleo en el olivar ha sido estimado en unos 46 millones de jornales al año, además del número de empleados en la industria transformadora y en la distribución. Tiene una acusada estacionalidad ya que alrededor del 60% del empleo se concentra en la época de la recolección. Esta diferencia de las necesidades de mano de obra en distintas épocas del año es una constante del monocultivo, bien se trate de cereal, de vid o de olivo. El problema que se plantea puede ser atenuado mediante una adecuada mecanización.

En el caso del olivar, la estacionalidad de las necesidades de mano de obra es prácticamente crónica ya que la plantación, en general, no puede modificarse a corto plazo como en otros cultivos. Frente a esto, está el hecho de que el olivo produce menos desigualdades en las necesidades de mano de obra y que, además, la época punta de estas necesidades coincide con un período de pocas necesidades en otras actividades agrarias.

La función medioambiental

El olivar tradicional, dadas su adaptación a las condiciones mediterráneas y su longevidad, ha llegado a originar un auténtico ecosistema en el que encuentran un favorable nicho ecológico más de 120 especies vegetales integrantes de la flora espontánea, más de 70 especies de vertebrados y más de 160 especies de invertebrados, de las que sólo 26 pueden llegar a ser plagas del olivo (considerándose el resto beneficiosas). De ahí que se diga que la biodiversidad del olivo y su adaptación a las condiciones ambientales de la cuenca del Mediterráneo le confieren el carácter de componente fundamental del patrimonio ecológico de España y, más ampliamente, de dicha cuenca.

En terrenos llanos o escarpados, pero casi siempre áridos, el olivo constituye muchas veces la única nota verde que captura dióxido de carbono y devuelve oxígeno, con la particularidad de que es eficacísimo contra la terrible amenaza de los fuegos estivales.

De la aceituna al aceite

*"**E**l murmullo de un olivar tiene algo muy íntimo, inmensamente viejo. Es demasiado hermoso para que yo trate de imaginarlo o me atreva a pintarlo"* escribía Vincent Van Gogh a su hermano Theo. *Ne extra oleas* (*"no os alejéis de los olivos"*), decía un *adagio* griego. Sin duda, lo que el olivo es y lo que simboliza, sus beneficios espirituales y materiales han sido reconocidos unánimemente por los que se han acercado al árbol o han disfrutado de sus productos.

El privilegio que supone disponer, en todo momento, en nuestra casa de esa gota de aceite, que enriquece nuestra gastronomía y beneficia nuestra salud, justifica que nos aproximemos al conocimiento del mismo para estar en condiciones de exigir un producto de alta calidad... por cuanto nuestro interés resultará ampliamente compensado por sus virtudes. El hecho de que llegue a nuestra cocina o a nuestra mesa un aceite de oliva virgen, de alta calidad, exige la máxima atención de cada uno de los agentes que intervienen en lo que algunos han venido en llamar la "cadena de la calidad", que incluye todas las actividades comprendidas entre la producción de la aceituna en el árbol y la utilización final del aceite. En este proceso, todos los eslabones son importantes, y todos merecen un exquisito cuidado porque, si en alguna de las fases se comete alguna incorrección, los efectos negativos sobre la calidad se dejan sentir sensiblemente y, aunque el resto de las actuaciones sean correctas, el resultado final puede ser deficiente.

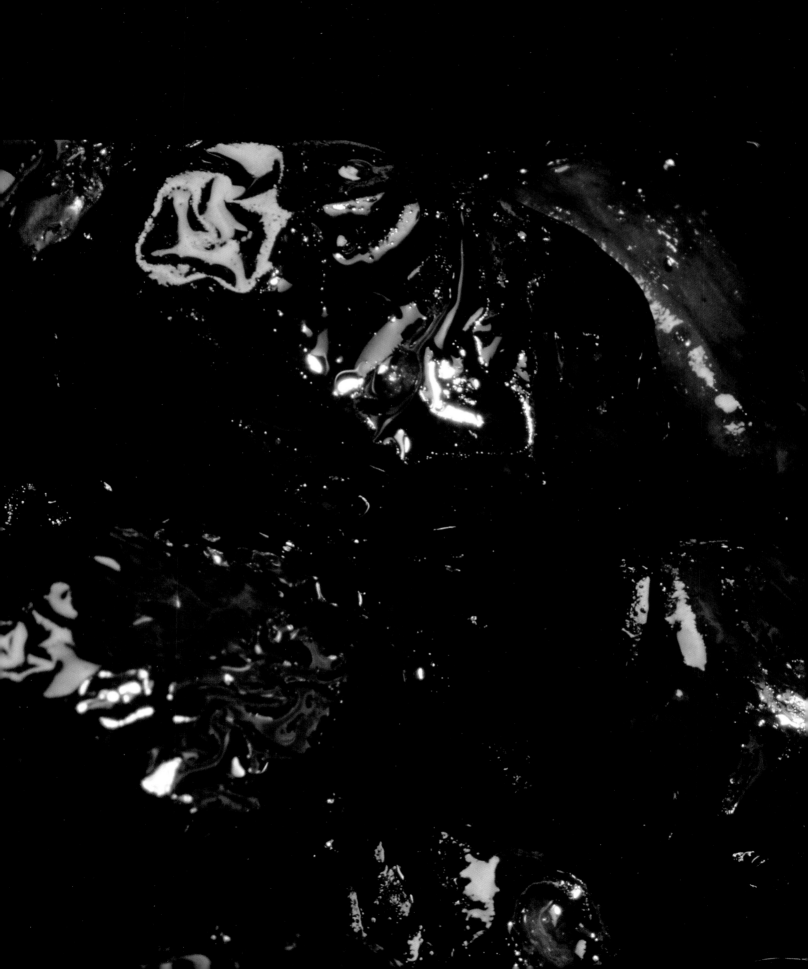

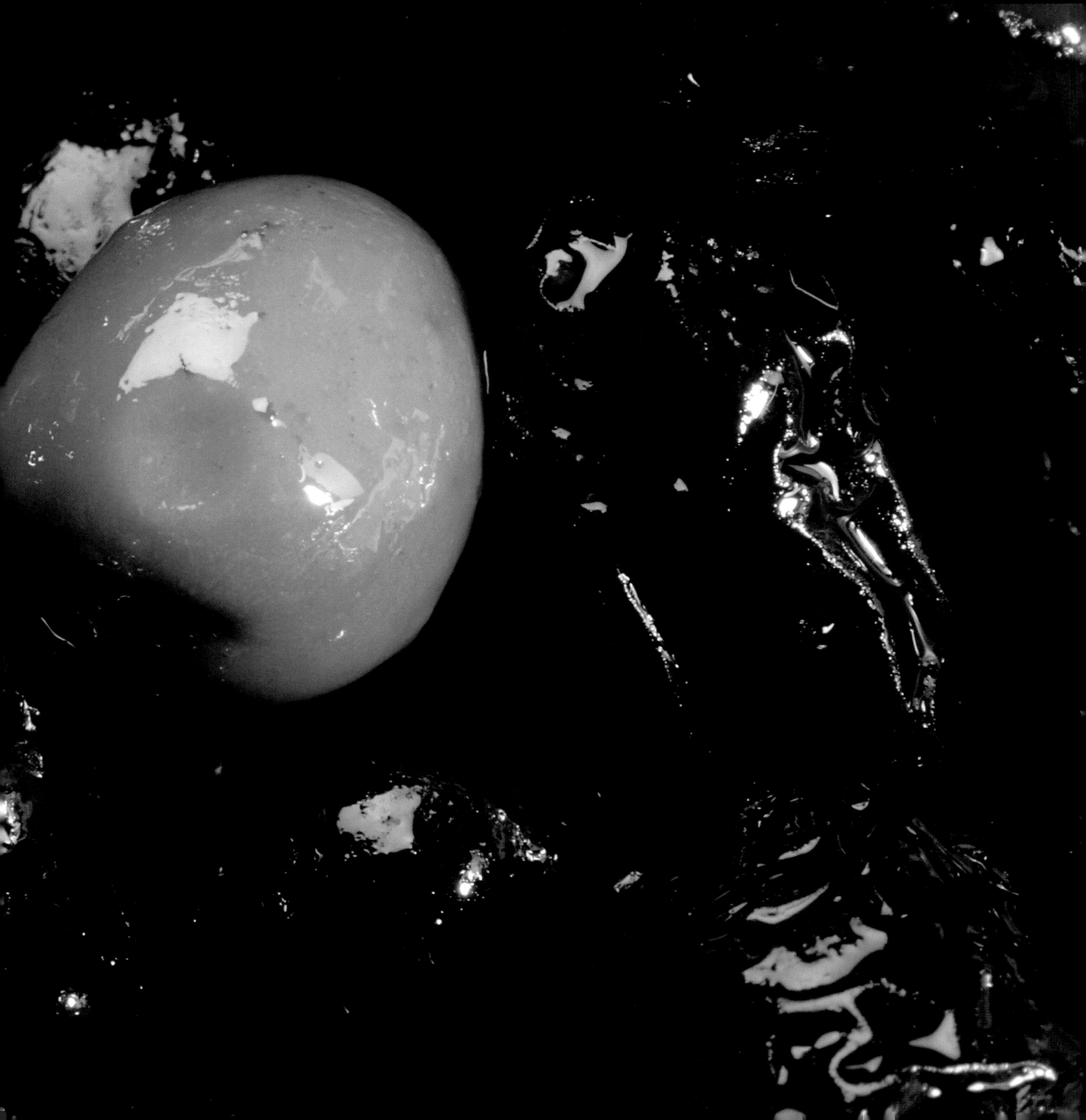

El aceite de oliva virgen y otros aceites

Cristino Lobillo

En nuestra preocupación constante por conocer los alimentos que ingerimos, investigar sobre el aceite de oliva (del que somos los primeros productores mundiales) es fundamental. Por sus propiedades nutricionales, es un ingrediente básico de la dieta mediterránea. Está considerado como un alimento saludable, entre otras muchas razones, por su composición ideal en ácidos grasos y por su contenido en ácidos esenciales, como el linoleico y linolénico (que nuestro organismo no fabrica y debe incorporarlos a partir de los vegetales).

Es también muy importante el contenido en antioxidantes, como la Vitamina E, tyrosol, hidroxityrosol, ácido caféico, etc., y posee un valor añadido en sus inconfundibles aroma y sabor. Es por lo que un buen aceite de oliva virgen extra puede ser frutado, aromático, con sabores y sensaciones a hierbas, hojas, frutos secos, dulce, amargo, picante, etc.

El aceite de oliva se extrae de la aceituna. La composición de este fruto, en el momento de la recolección, es muy variable, dependiendo de la variedad de aceitunas, del suelo, del clima y del cultivo.

Por término medio, las aceitunas llevan en su composición:

Aceite: 18-32%

Agua de vegetación: 40-55%

Hueso y tejidos vegetales: 23-35%

Todas las variedades de aceitunas producen excelentes aceites, independientemente de las características particulares de cada uno, siempre y cuando las aceitunas estén sanas, se molturen el mismo día de la recolección y el aceite se almacene de una forma apropiada. Podemos decir, sin temor a equivocarnos, que **la calidad la fabricamos nosotros**.

Los matices que perfilan las singularidades de los aceites vírgenes dependen, entre otros muchos factores, del punto de maduración de los frutos en el momento de su recolección.

Para obtener un aceite de calidad, es fundamental **recolectar** la aceituna en el inicio de la maduración, cuando la mayoría de los frutos están cambiando de color -envero-, apenas quedan aceitunas verdes y algunas están completamente maduras. Para obtener la calidad que buscamos, los frutos deben estar sanos.

El método ideal de recolección es el ordeño, a mano o con rasquetas. Lo más importante es no dañar la aceituna y transportarla lo antes posible a la almazara, para que el fruto no se deteriore. También es muy frecuente el vareo ayudado con vibradores.

La calidad del aceite de oliva comienza en el campo y finaliza cuando el aceite se encuentra en su envase o

Cinta

almacenado y cualquier tratamiento defectuoso durante el proceso se transmitirá al aceite obtenido.

Es necesario realizar todos los **tratamientos** que eviten plagas y enfermedades al olivar. Éstos deben realizarse respetando los plazos de seguridad para que, posteriormente, no aparezcan residuos en el aceite virgen.

La aceituna se debe **molturar** el mismo día de su recolección, evitando que aparezcan fermentaciones que alteren la calidad. El tiempo de almacenamiento de los frutos deteriora la calidad del producto final. Al almacenamiento prolongado se le denomina troje y, como resultado, los aceites obtenidos son los atrojados, con numerosos defectos ocasionados por las fermentaciones e hidrólisis enzimáticas que se han producido.

En las almazaras, las aceitunas se **limpian** y **lavan**, clasificándolas por calidades o variedades para así obtener los mejores aceites. Lo ideal es que los frutos vengan limpios y no sea necesaria la limpieza o tan sólo

una ligera corriente de aire o fina ducha para eliminar hojas y polvo acumulado.

A continuación describo de forma esquemática los procesos a los que son sometidos los frutos para así obtener el aceite virgen:

MOLTURACIÓN: se utilizan trituradores de martillo que rompen los tejidos vegetales de las aceitunas formando una masa o pasta homogénea.

BATIDO: la masa molida se envía a las batidoras en las que, a una temperatura que no debe sobrepasar los 28 °C para no perder aromas, se bate lentamente durante aproximadamente 1 hora y media. Las diminutas gotas conteniendo el aceite se agrupan en gotas mayores, con lo que se facilita la extracción del aceite de oliva virgen.

CENTRIFUGADO: la pasta obtenida en la molturación se somete en una centrífuga horizontal denominada *decanter* a una gran rotación en la que, por la diferencia

Vareando con máquina

de densidad, se separan dos fases claramente diferenciadas: aceite de oliva virgen, y un conjunto formado por los demás componentes de las aceitunas -piel, hueso pulpa y agua de vegetación-. Este producto es el denominado **alperujo**, del que posteriormente obtendremos el aceite de orujo y otros productos de interés.

La **higiene** debe ser exhaustiva a lo largo del proceso por donde pasan las aceitunas y el aceite obtenido, tanto en toda la instalación maquinaria como en las cintas transportadoras, depósitos, etc. La almazara debe estar perfectamente limpia siempre, no sólo durante la campaña, sino en el tiempo que permanece a la espera del próximo año. De este modo, se evitan olores desagradables ya que los restos de aceite y otros productos sufren oxidaciones y fermentaciones que originan olores y sabores anómalos y desagradables.

El almacenamiento

Para conservar inalteradas las cualidades excepcionales que posee el aceite de oliva virgen, se debe almacenar en depósitos de acero inoxidable o trujales vitrificados, en la oscuridad y con tranquilidad, a temperaturas suaves y constantes. Una práctica cada vez mas utilizada es la inertización de los depósitos conteniendo el aceite con nitrógeno. Este gas queda en contacto con el aceite, desplazando al oxígeno y evitando el enranciamiento.

Los rasgos que definen las características sensoriales de los aceites vírgenes (fragancia, dulzor, regusto almendrado, sabor a manzanas, frutado, frescura, etc.) revelan la complejidad de las sensaciones olfativas y gustativas. La variedad de los olivos, la composición del suelo en el que crecen, la orografía del terreno en el que se asientan, las circunstancias en las que han madurado las aceitunas, el cuidado con el que se ha realizado su recolección y molienda, incluida la climatología de cada campaña y otras variables, influyen en la aparición de unos parámetros gustativos siempre cambiantes.

El color y el aroma revelan, en una primera toma de contacto, gran parte de los secretos del aceite (influyen principalmente la zona de procedencia y el estado de maduración de los frutos en el momento de la recogida).

Sin embargo, estos dos factores no son determinantes de la calidad. La escala cromática del aceite oscila del amarillo al verde siendo la causa del color amarillo-verdoso de los aceites de oliva vírgenes

Dependiendo de las zonas productoras se presentan tonalidades con predominio del verde en unas, y mayoritariamente amarillas en otras. Saber apreciar los valores de la cata y los matices que definen un buen aceite es el paso previo para penetrar en los secretos de lo que constituye un ejercicio gastronómico apasionante: el único camino para lograr la mejor y más adecuada aplicación culinaria a sus posibilidades.

Si el proceso de elaboración del aceite es correcto, se obtendrán vírgenes extras muy apreciados en el mercado. Un aceite incorrectamente elaborado descubre en el paladar imperfecciones de distinta consideración, que perturban sus cualidades originarias y que pueden llegar a modificar su delicada distinción.

La experiencia y sabiduría ancestral en la manera de utilizar el aceite de oliva explica la suculencia de la cocina mediterránea, en la que las posibilidades de jugar con los sabores de distintos aceites se antojan inabarcables. Por eso, el aceite de oliva ha estado presente en nuestros hogares desde siempre y es el alimento base de la dieta mediterránea.

La química del aceite

Como en toda sustancia grasa, en el aceite de oliva existen dos fracciones principales:

1.- Fracción de naturaleza glicerídica (99%), en la que aparecen los glicéridos, trazas de fosfolípidos y ácidos grasos libres que, cuantificados, son los que determinan la acidez del aceite. Esta fracción se conoce como **saponificable**.

2.- Fracción de naturaleza **no glicerídica** o **insaponificable**. Su porcentaje no llega al 1,5%. Aquí se encuentran los hidrocarburos, esteroles, alcoholes alifáticos, tocoferoles, polifenoles y ceras. Definen parámetros característicos del aceite y, además, sirven para identificarlos.

Los **glicéridos** son los componentes más importantes de la fracción glicerídica. Constituyen el "armazón" del aceite. La fórmula es una molécula de glicerina en la que se introduce un ácido graso en cada átomo de carbono con la pérdida de 3 moléculas de agua: así se ha formado un triglicérido. Si denominamos **O** al ácido oleico, **P** al palmítico, **S** al esteárico y **L** al linoleico, los principales triglicéridos del aceite de oliva serían los siguientes:

Triglicérido	% aproximado
OOO	28 - 44
POO	18 - 20
OLO	3,5 - 7,9
LOO	6,2 - 9,3
POL	5,5 - 6,8
PLO	3,7 - 5,5
SOO	trazas - 5,2
POP	2,9 - 11

Características de los aceites de oliva

El Reglamento Comunitario ha venido a armonizar la legislación de todos los países pertenecientes a la Comunidad Europea en lo que a las características que deben cumplir los aceites de libre comercio en la Comunidad se refiere. Textualmente dice que: *"Será obligatorio en todos sus elementos y directamente aplicable en cada Estado miembro"*.

Las significados de cada índice y su relación con la calidad de los aceites son los siguientes:

- **Grado de acidez.** El aceite de oliva biológicamente sintetizado es neutro formando los glicéridos. La existencia de ácidos grasos libres, fuera de los triglicéridos, corresponde a un desorden molecular que se puede producir por diversas causas. El grado de acidez consiste en la cuantificación de estos ácidos grasos.

- **Índice de peróxidos.** Desde el momento de su biosíntesis, la materia grasa y sus principales constituyentes -los ácidos grasos- inician un irreversible proceso de oxidación. A medida que el oxígeno penetra en su molécula, tiene lugar la formación de hidroperóxidos. El índice de peróxidos indica el estado primario de conservación de un aceite y viene expresado en miliequivalentes de oxígeno peroxídico por kg de aceite.

- **Disolventes halogenados.** No son compuestos que formen parte de la constitución de los aceites, pero pueden aparecer por contaminación durante el proceso de obtención o manipulaciones posteriores. Los mas conocidos son el cloroformo, percloroetileno y tricloroetileno y se detectan por cromatografía gaseosa.

- **Alcoholes alifáticos.** Son alcoholes saturados de cadena lineal de 18 a 28 átomos de carbono. Su contenido se detecta por cromatografía de gases.

El contenido en estos alcoholes es bajo en los aceites de oliva vírgenes, y con valores muy superiores en los aceites de orujo.

- **Ceras.** Compuestos resultantes de la esterificación de los alcoholes alifáticos con los ácidos grasos libres. Se identifican por cromatografía gaseosa y sirven para detectar la presencia de orujo en los aceites de oliva. Tanto las ceras como los alcoholes alifáticos sirven para detectar la presencia de aceite de orujo de oliva en el aceite de oliva.

- **Eritrodiol y uvaol.** Estos componentes se encuentran en la fracción no glicerídica del aceite de oliva. Su valor no debe ser superior al 4,5%. Si el valor es superior, también es un método para detectar presencia de aceite de orujo en oliva en aceite de oliva.

- **Trilinoleína.** Fundamentalmente, los aceites vegetales están constituidos por triglicéridos que son ésteres de los ácidos grasos con la glicerina.En este cuadro figuran los principales triglicéridos y sus porcentajes aproximados. Prácticamente la trilinoleína (LLL) no existe en el aceite de oliva, presentando siempre valores inferiores al 0,5%. Valores mas elevados acusan presencia de aceites de semilla.

- **Esteroles.** Son componentes muy importantes del insaponificable. Sólo se citan los más importantes:

ESTEROLES	
Colesterol	Clerosterol
Colestanol	ß-sitosterol
Brassicasterol	Sitostano
24-metilencolesterol	Δ5-avenasterol
Campesterol	Δ5-24estigmastadienol
Estigmasterol	Δ7-estigmastenol
Δ7-campesterol	Δ7-avenasterol
Δ5,23-estigmastadienol	

Se identifican por cromatografía de gases mediante un patrón interno para cuantificarlos.

Arbequina

DIFUSIÓN Y CARACTERÍSTICAS AGRONÓMICAS

Denominaciones principales: "Arbequina" y "Blanca".
Área de cultivo: Cataluña, Aragón y Andalucía.

Es la variedad más importante de Cataluña, donde ocupa más de 55 000 ha. Asimismo se encuentran plantaciones en Aragón, Navarra y La Rioja. En Andalucía ocupa en la actualidad más de 20 000 ha, implantadas en los últimos años en explotaciones intensivas.

Toma su nombre de su zona de origen, **Arbeca**, en la provincia de Lleida, donde se supone que se inició su cultivo. También se la denomina "Blancal" en algunas zonas. Su entrada en producción es muy precoz, con poca vecería y alta productividad. Su vigor es muy reducido, lo que la hace idónea para plantaciones de alta intensidad. La maduración es temprana y la fuerza de retención de los frutos es media, dificultando, sin embargo, la recolección mecanizada (mediante vibrador de troncos) por el pequeño tamaño de sus frutos. En plantaciones intensivas se está extendiendo su recolección con maquinaria similar a la del viñedo. Es una variedad en franca expansión, extendiéndose su cultivo fuera de las zonas de origen a otras comarcas olivareras.

Es mayoritaria en las Denominaciones de Origen Protegidas "Les Garrigues" en Lérida, "Siurana" en Tarragona y en la nueva zona de El Ampurdán. También se puede encontrar en las provincias de Zaragoza, Huesca y Teruel. De hecho, los aceites acogidos a la D. O. P. "Aceite del Bajo Aragón" admiten hasta un 20% de Arbequina. Ésta es una variedad de alto contenido graso, pero de una extractabilidad media-baja debido a la humedad de su fruto. Produce unos aceites de extraordinaria calidad que se caracterizan por su fluidez y su gran fragancia, siendo muy frutados con ligero sabor a manzana, verde, poco amargos y picantes y de sabor dulce. Sus atributos or-

Página siguiente: olivo en la comarca del Somontano (Aragón)

ganolépticos específicos son de almendra verde y *flavor* a hierba recién cortada. Su contenido en ácido oleico es medio-bajo y alto en ácido palmítico y linoleico, que le confieren su fluidez característica. Sus contenidos en vitamina E y polifenoles totales son medio-bajos lo que confiere suavidad y dulzor a estos aceites y, por el contrario, una estabilidad al enranciamiento que puede considerarse media-baja. Son una variedad de aceites muy apreciados, tanto para su uso monovarietal como para la composición de aceites o *coupages*, a los que dota de su extraordinaria fragancia y cualidades.

Morisca

DIFUSIÓN Y CARACTERÍSTICAS AGRONÓMICAS

Denominaciones principales: "Morisca", "Basta", "Macho" y "Verdial".
Área de cultivo: Badajoz y Sevilla.

Es la variedad fundamental del Sur de la provincia de Badajoz, extendiéndose a las comarcas del Norte de Sevilla. En la actualidad ocupa una superficie próxima a las 75 000 ha. En Portugal, esta variedad se cultiva en El Alentejo con el nombre de "Conserva de Elvas".

La entrada en producción es poco precoz, y la maduración media/tardía, siendo su productividad elevada y poco vecera. Su resistencia al desprendimiento es media, dificultando su recolección. Su tamaño y facilidad para el aderezo la hacen apreciable para mesa. Sus aceites se presentan normalmente asociados a otras variedades con las que coexiste en la zona de producción. Con la "Verdial de Badajoz" produce unos aceites de color amarillo y sabor dulce frutado muy apreciados. En la zona de Monterrubio se moltura conjuntamente con la "Verdial de Badajoz" y con aceitunas de la variedad "Cornezuelo" en la proporción de un 30%, lo que confiere a sus aceites un color que va del

6

Los aceites de oliva en la gastronomía del siglo XXI

Rafael Ansón y Michel Rolland

El catador lo es en un amplio sentido, e igual que utiliza los 5 sentidos para descubrir la magia del vino, puede recurrir a esa misma sensibilidad en busca de los matices del agua, los licores, el queso, el jamón, los langostinos… y, por supuesto, el aceite, columna vertebral de la dieta mediterránea y sustancia capaz de proporcionar satisfacciones sin final. Quien comienza a vislumbrar, a oler y a probar los distintos aceites de oliva virgen extra, descubre **un mundo lleno de matices y de sensualidad** que no podrá abandonar nunca. Y en toda la Europa mediterránea estamos asistiendo a un fenómeno evidente: el rumbo que está tomando la apreciación del aceite sigue, aunque con ciertas diferencias, el que previamente se ha producido con el vino.

Hagamos un poco de historia; no hace demasiado tiempo, en el mercado sólo había vino, aunque en cada región era diferente (incluso en cada bodega tenía características propias), pero sólo había vino: como tal se pedía y como tal se bebía. En un cierto momento se empezó a notar que los blancos y los tintos eran diferentes, que no se distinguían sólo por el color; bastante más tarde, se empezó a criar el vino en barricas y a apreciar que, con este tratamiento, mejoraba, y en un momento determinado se hizo patente que cada variedad de uva aportaba al vino unos matices sápidos determinados, que eran diferentes, que había una gran cantidad de vinos y, lo que es más importante, que cada uno tiene su momento y que es especialmente apropiado con determinadas comidas.

En el caso del aceite, estamos asistiendo al mismo proceso, aunque como es lógico y tras la experiencia del vino, de forma mucho más acelerada, en períodos de tiempo mucho más cortos; por eso, ya hemos llegado a la conclusión de que n**o hay un solo tipo de aceite de oliva, sino diversos**, porque cada uno procede de una determinada variedad de aceituna, o de un determinado ensamblaje de varias variedades, que hay aceites de diversas zonas y que cada uno tiene una calidad determinada, en la que intervienen muchos y variados elementos.

La calidad del aceite de oliva virgen extra se aprecia, sobre todo, cuando se consume crudo, porque es entonces cuando los sabores y los aromas se perciben puros, sin que hayan tenido efecto los diferentes procesos de calentamiento que actúan de dos formas (por una parte, modificando la composición intrínseca del aceite y, por otra, mezclándose los sabores con el resto de los componentes del plato).

La mejor forma de apreciar la calidad de un aceite es acompañando a un producto poco sápido, como por ejemplo el pan o, mejor todavía, sobre pequeñas patatas, cocidas o asadas, machacadas con un tenedor y añadiendo un chorrito de cada aceite que queramos probar, dejando que se reparta por la masa. Puede añadirse sal, si se quiere, pero ha de ser muy buena. La forma de probarlo es colocando una pequeña porción de la masa sobre la lengua, presionando contra el paladar y dejando que, poco a poco, se distribuya por toda la boca, por la punta, los lados y el fondo de la lengua, para así poder apreciar los diferentes matices.

Quisiera recordar también su **extraordinaria versatilidad**. Es la grasa de elección para las frituras, porque es la que supera sin descomponerse las temperaturas necesarias para obtener un buen resultado pero, sobre todo, porque en función de esa temperatura más alta produce (en el producto a freír) una desnaturalización de las proteínas, lo que se traduce en una película externa, una especie de esmaltado que impide la penetración del aceite en el interior de la masa y, consecuentemente, engorda menos y mantiene mejor los aromas y los sabores del producto frito.

En los asados, tanto de carnes como de pescado, en la parrilla o en la plancha, una pequeña cantidad de aceite da lugar a una especie de protección del producto y actúa como un importante condimento que mejora las preparaciones y algo similar sucede con los cocidos y los guisos. Un simple chorro de un buen aceite de oliva es capaz de transformar una insípida elaboración de verduras hervidas en un apetecible plato, o de mejorar notablemente una merluza cocida, por ejemplo. En los guisos se comporta como un condimento muy apreciable porque, aunque es cierto que los sabores del aceite se entremezclan con los

Los aceites de oliva en la gastronomía del siglo XXI

de los productos cocinados, no cabe duda de que cuando el aceite empleado es de oliva y de buena calidad, el resultado final mejora sensiblemente. Es por esta razón por la que los mejores cocineros tienden a elegir el aceite de oliva virgen para todas sus preparaciones.

En el primer capítulo, Rafael Ansón hace un interesante recorrido por las diferentes aplicaciones de los diferentes aceites y a él remito al lector, pero insistiendo en que el aceite de oliva es el complemento ideal para una cocina sabrosa, e insustituible en la elaboración de muchos platos, salsas y guarniciones de la cocina mediterránea, porque siempre hay un aceite que va muy bien con los componentes del plato (e incluso con los demás condimentos), que es capaz de hacerse notar por su sabor y por su aroma y que resalta, si se elige el oportuno y hasta el nivel exacto, el gusto de todos los ingredientes.

La **cata de aceites** es un arte y una ciencia a la vez que no tiene excesivas complejidades, siempre que se respeten una serie de leyes no escritas. Para saber hacerlo, es necesario probar una gran variedad, de diferentes calidades y estilos, incluyendo algunos semejantes entre sí. También hay que ser fiel a un determinado manual de degustación y crear un vocabulario propio, ajustándose a los criterios tradicionales de definición. En ella, juega un papel esencial la memoria, puesto que las sensaciones, aromas y sabores que se perciben han de ser puestas en relación con otras vividas desde la niñez y también en otras catas. Al fin y al cabo, la respuesta personal de cada uno es lo más importante (más allá de si es muy acertada o no lo es). En cualquier caso, conviene trascender las sensaciones inmediatas.

Como catador también he descubierto que el aceite de oliva virgen extra es un condimento excepcional, uno de los más completos que existen, pero además es un magnífico alimento, fácilmente digerible, hasta el punto que, cuando se compara con otros aceites, siempre se hace sobre la base de que su coeficiente de digestibilidad es 100, la cifra más alta posible. Además, aporta energía y una serie de componentes que influyen directamente en el estado de salud de los consumidores.

Desde el punto de vista de la salud, como también se recoge en este libro, tiene una extraordinaria capacidad. No sólo previene la hipertensión arterial y los niveles altos de colesterol, sino que directamente minimiza las posibilidades de sufrir el primer infarto (como decía el viejo refrán castellano: "aceite de oliva, todo mal quita").

Probar los aceites, con pan o con patata, olerlos, mirarlos, analizarlos... constituye una actividad deliciosa para toda persona sensible y crítica. Les recomiendo que hagan estas operaciones con los grandes aceites españoles y habitúen su olfato y su paladar a las singularidades de sus aromas.

CON EL GUSTO, que se sitúa en las partes de la lengua sensibles a los sabores fundamentales, se perciben todos los sabores del aceite de oliva y se llega a valorarlos y apreciar su intensidad, calidad, permanencia, etc.

La normativa vigente en el aceite, no obstante, al igual que en el olfato, los limita a lo hasta ahora predeterminado, limitando las posibilidades y libertad del catador. Personalmente, considero que en este campo hay mucho por hacer. Las sensaciones gustativas en el aceite son muy importantes, por eso conviene, para catar, extender una capa de aceite en la lengua para "impresionar" el mayor número de papilas posible. Asímismo, conviene que el aceite tenga una temperatura lo más parecida a la del cuerpo humano en la boca para que pueda apreciarse mejor (más fría sería, en algunos casos, desagradable... y si está más caliente se perderían muchas sensaciones gustativas).

Las **SENSACIONES GUSTATIVAS** más frecuentes consideradas como **BUENAS** son:

- **Afrutado** (con recuerdos al fruto sano).
- **Limpio** (exento de defectos).
- **Fresco**.
- **Frutas** (que recuerda a determinadas frutas).
- **Amargo** (un ligero amargor es característico de ciertos tipos de aceitunas).
- **Sano** (que recuerda al fruto sano, exento de alteraciones).
- **Dulce** (conocida sensación de dulzor que se percibe en algunos tipos de aceitunas).

- **Almendrado** (recuerdo a almendras dulces y/o amargas que se perciben en algunos tipos de aceitunas).
- **Piñonado** (como en el caso anterior, que recuerda al fruto de ciertos tipos de pino).
- **Vegetal** (que recuerda a hierba, hojas y otros vegetales).

Las **SENSACIONES GUSTATIVAS** más frecuentes consideradas como **DEFECTUOSAS** son:

- **Amargor intenso**.
- **Picor intenso** (un ligero picor proviene de algunos tipos de aceitunas; cuando es intenso, proviene de alteraciones).
- **Hojas secas** (hojarasca).
- **Avinado**.
- **Agrio / vinagre**.
- **Ácido**.
- **Capacho**.
- **Cuerdas** o **esparto**.

- **Recalentado**.
- **Aceitunas heladas**.
- **Mohos / humedad**.
- **Metálico**.
- **Madera / leña**.
- **Borras** (del aceite).
- **Gusano**.
- **Podrido**.
- **Rancio**.

Todas estas sensaciones gustativas son fácilmente percibidas por el consumidor. Su excesiva normalización impide al catador expresar sus sensaciones y emoción ante los aceites de oliva, pero ordena los criterios. La lengua con el aceite se impresiona enseguida, percibiendo sensaciones intensas (gratas y menos gratas). Para limpiar las sensaciones y pasar de una muestra a otra, conviene cambiar las sensaciones gustativas con manzana verde.

LAS SENSACIONES TÁCTILES, referidas como es lógico al tacto en boca, se perciben en el velo del paladar y en la lengua. Valoran la consistencia física y estructura de un aceite de oliva.

- **Acuosa** (como el agua).
- **Fluida** (que se desliza fácilmente).
- **Suave** (que provoca sensaciones ligeras).
- **Pastosa** (densa en el paso de boca, con poca fluidez).

La normativa internacional de cata de aceites considera defectuosos los aceites que presentan una sensación táctil o una consistencia atípica según sus

es, como su nombre indica, **el Equilibrio entre todas las sensaciones y muy especialmente las olfativas, gustativas y táctiles**.

Por esa razón, se establece una específica clasificación en:

- *Aceites afrutados*: son aquellos cuyas características se parecen mucho a las del fruto del que proceden (semejanza al fruto).
- *Aceites armónicos o equilibrados*: son aquellos en los que hay un gran equilibrio entre aromas y sabores.
- *Aceites desequilibrados o descompensados*: son aquellos en los que un olor o sabor o una sensación prevalece sobre las demás.

características habituales o de procedencia, pero hoy día, y sobre todo para el consumidor, esta limitación resulta poco útil, ya que hay nuevos países productores con condiciones de producción que aportan características diferentes, nuevas tecnologías, nuevas y originales mezclas de aceitunas en los aceites del mundo y, sobre todo, nuevos consumidores y nuevos gustos que hay que respetar; por eso, hay una gran tarea por hacer en el Análisis Sensorial de los aceites para que sea más libre, más lúdica.

Tras la valoración de las sensaciones auditivas, olfativas, gustativas y táctiles, hay que mirar el conjunto de todas las sensaciones, el equilibrio y armonía que

Catar aceites de oliva es entrar en contacto, utilizando nuestros propios sentidos, con uno de nuestros mejores y mayores elementos de nuestra cultura y economía.

Y todos podemos catar aceites de oliva: basta con afinar nuestros cinco sentidos, estudiar nuestras sensaciones y llegar a expresarlas. Si podemos tener antes unos mínimos conocimientos de base, mejor pero, sobre todo, dejemos libre el espíritu y disfrutemos con tan variadas sensaciones.

El diagnóstico es otra cosa, es para los técnicos... lo nuestro es la emoción y el placer

Iniciado el tercer milenio, el aceite de oliva en España sigue experimentando transformaciones y cambios. Más que nunca hasta ahora, en todos los sectores, fundamentalmente consumidores y hostelería, se aprecian inquietudes por saber y entender de esta grasa vegetal que, en los últimos tiempos, se ha vinculado de forma especial a una dieta saludable.

Los nuevos aceites españoles

José Carlos Capel

Aunque es cierto que el gran consumo continúa acaparado por los denominados aceites de oliva refinados encabezados con vírgenes, no es menos significativo que en la banda de los "vírgenes-extra", categoría suprema, los avances prosigan imparables. Y no sólo porque se presentan de forma más vistosa que antaño, dentro de botellas de diseño y con etiquetas y collarines que constituyen verdaderas fichas de cata, sino porque **los progresos técnicos y refinamientos gastronómicos palpitan con fuerza desbordante.**

A semejanza de lo que ha venido aconteciendo en el sector del vino, **en el aceite proliferan las producciones artesanas y las pequeñas almazaras vinculadas a olivares determinados**, bien sean de sierra o de campiña, sometidos a horas de insolación variables. Cada rincón geográfico es susceptible de producir aceites diferentes en función de las condiciones climatológicas de cada campaña. Nada tiene de extraño que los aceites denominados de pago, es decir, de finca o de familia, que se elaboran con los olivos de una única hacienda agrícola al estilo de los *chateaux* franceses,

sean una realidad incuestionable. Suelen corresponder a empresas de escasa producción que vigilan hasta los más pequeños detalles para obtener productos de calidad extra.

En todas las circunstancias, y tras las gigantescas inversiones realizadas en maquinaria por el sector en los últimos años, los productores avezados han vuelto sus miradas hacia el campo. No es ningún secreto que, **para obtener buenos aceites, hace falta partir de frutos rigurosamente sanos**, recolectados en el momento óptimo de maduración y molturados a las pocas horas de haber sido recogidos (por supuesto, nada de recolecciones tardías ni de aceitunas atrojadas).

Por otro lado, se habla mucho de **producciones ecológicas** o -lo más moderno- de **producciones integradas**, garantía de calidad y de respeto al medio ambiente, una preocupación generalizada.

Otra de las últimas tendencias apunta a la **recuperación de variedades olvidadas** y a la **adaptación incipiente de algunas foráneas.**

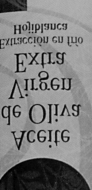

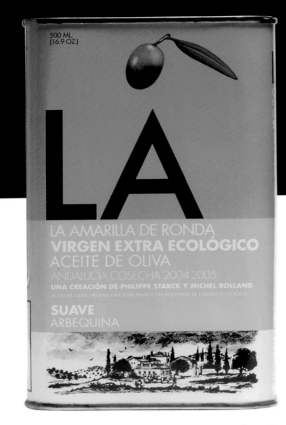

Los aceites españoles de última generación, varietales o de mezclas, empiezan a no parecerse en nada a los de antaño. A sus aromas afrutados intensos se suelen sumar notas de hierbas frescas recién cortadas, sabores a tomates verdes, almendras en flor y dejes de plátano... Fragancias volátiles que se superponen a sensaciones amargas, picantes y astringentes sobre fondos de dulzor variables.

A resultas de esta nueva moda, en el lenguaje coloquial, cocineros y aficionados comienzan a hablar ya de **aceites varietales** procedentes de distintas aceitunas, incluidas la Arbequina, Picual y Hojiblanca, así como de otras menos conocidas. En el fondo, es algo parecido a lo que sucede en el mundo del vino, donde el hecho de citar las uvas Tempranillo, Garnacha, Chardonnay, Merlot o Pinot Noire presupone anticipar algunas de sus características.

Cuando estos aceites se aplican en crudo a platos de la cocina tradicional española (gazpachos, ensaladas, purés), se altera sustancialmente el paladar de determinadas recetas. El reto gastronómico que plantean los nuevos aceites pasa por un análisis de sus características sensoriales.

Tampoco se debe olvidar que el aceite de oliva es un producto con fecha de caducidad bastante breve: se elabora cada año a finales del otoño o principios del invierno, y, al cabo de 12 meses, sino antes, ha perdido parte sustancial de sus propiedades. Afortunadamente, algunas marcas comienzan a reseñar la fecha de la añada o de campaña, algo insólito hasta hace poco tiempo.

Entre tantas convulsiones, las empresas productoras, pequeñas y grandes, ensayan nuevas fórmulas de *marketing* (hay marcas, como sucede con "La Amarilla de Ronda", en cuyos **envases** ha intervenido un diseñador tan famoso como Philippe Starck). En lo concerniente a la elaboración, también se está dando cabida a **enólogos** de la talla de Michel Rolland y a oleólogos del nivel de Cristino Lobillo o Marco Mugelli, que en su especialidad constituyen una suerte de *"flying wine-makers"*. Igual que en el vino, también en el aceite la figura del maestro elaborador tiende a resultar decisiva.

Toda una catarata de refinamientos y sutilezas de vanguardia que se aplican a una grasa noble de tradición milenaria.

Los mejores aceites de oliva virgen extra
en las recetas de los grandes cocineros

Recetas

El mejor aceite es el que más le gusta a cada uno, y el resultado final de la elección va a depender de las **propiedades gustativas del aceite** en cuestión, pero también de una serie de **factores personales**, algunos intrínsicos e individuales, y otros consecuencia de la educación del gusto, en la que intervienen, a su vez, muchos otros factores (sobre todo la adaptación a los sabores de los productos consumidos desde las primeras edades que generalmente van a persistir, aunque con posibles modificaciones, durante toda la vida).

Hay unos parámetros, contrastados por paneles de cata y por la opinión de muchas personas, que son los que califican la calidad de un producto (en este caso, el aceite) y que, en general, se traducen en la satisfacción que producen. Pero hay que tener en cuenta que el aceite no es en general un producto que se consuma como tal, sino que forma parte, junto a otros ingredientes, de una preparación concreta. Hay casos en los que es importante que destaque el **sabor** del aceite sobre el de otros componentes (tal y como sucede en un pan con aceite y tomate), en otras ocasiones se busca el **equilibrio** para conseguir un conjunto armónico (como, por ejemplo, en un gazpacho o una ensalada) y finalmente, en otras, el aceite tiene la importante y delicada labor de **potenciar el sabor de los otros componentes** (como en el caso del gazpacho, en el que participa el bogavante, o en una ensalada en la que el *foie* es el componente fundamental).

Hay otros factores que también deben tenerse en cuenta como es **la respuesta de un aceite al calentamiento**, que puede ser en muy diversos grados, y que van desde el calentamiento suave y momentáneo (como por ejemplo en la preparación de unas angulas) al no muy intenso pero prolongado de los platos sometidos a cocción (como sucede con los guisos) o el fuerte, pero breve, de las frituras. Cada aceite se comporta de una manera diferente y de su comportamiento va a depender, en buena medida, el resultado final de nuestra apreciación.

Dicho lo anterior, y remarcando sobre todo la importancia del gusto personal -que es el que va a determinar la obtención de las sensaciones más placenteras-, vamos a hacer unas recomendaciones que deben considerarse para el plato específico que en cada caso se nombra, y para los similares a él por la composición de los ingredientes y por el tratamiento térmico al que se somete la elaboración.

Para hacer un ajoblanco utilizaría un **Amarilla de Ronda**, suave, afrutado con muchos matices gustativos que resaltan la elegancia del plato; un **Abbae de Queiles** para unas verduras a la plancha, porque sus características hacen resaltar el sabor de los diferentes componentes; si el plato fuese una menestra, optaría por un **Boella Premium**; en el caso de una ensalada tibia de pimientos o una escalivada, elegiría un **Carbonell Arbequina**; si la elaboración fuese un *allioli*, el **Dauro de Aubocassa** daría lugar a un elegante resultado y, si se trata de hacer unos huevos fritos, les recomiendo un **Marqués de Valdueza**.

Canoliva está muy indicado para una fritura de pescado, pero para una caldereta de pescado va muy bien el **Castillo de Tabernas**; para un rape a la marinera optaría por un **Amarilla de Ronda** intenso, y para una bullabesa o una sopa de pescado el **Marqués de Griñón**; para carnes estofadas el **Carbonell Selección**, que también se puede utilizar para las gotas que deben acompañar a una carne a la plancha; para la tortilla de patata, es muy recomendable el **Núñez de Prado**; para gazpachos y ensaladas va muy bien el **Hojiblanca Selección** y finalmente, para los dulces, y sobre todo para los postres de chocolate, el **Valderrama Ocal**.

A continuación, figuran 61 recetas "creativas" elaboradas por 35 de los mejores *chefs* de España, una o dos por cada Comunidad Autónoma. Cada jefe de cocina ha utilizado el tipo de aceituna y de aceite que le ha parecido más adecuado.

No dejen de leerlo y comprobar que hay un aceite para cada receta... Naturalmente, todos de oliva y virgen extra.

Restaurante La Alquería

Sevilla, **Andalucía**
Jefe de cocina: **Rafel Morales**

Pan
con tomate

Valores nutricionales: ↓E ↓C ↑HdC

Para los "airbag" de masa de pizza:

300 g de harina de trigo

20 g de levadura prensada

190 g de leche

4 g de sal

10 g de masa madre

Para el sorbete de tomate:

2 kg de tomates maduros

500 g de agua de tomate (de la elaboración anterior)

1 1/2 hoja de gelatina de 2 g

(previamente rehidratada en agua fría)

15 g de clara de huevo

10 g de dextrosa

Además:

Sal Maldon

Aceite de oliva virgen extra *L'Estornell*, frutado suave, dulce, de la variedad Arbequina

120

Elaboración

Para los "airbag": disolver la levadura en la leche a 12 ºC. Tamizar la harina y ponerla en el recipiente de la amasadora junto con la masa madre. Trabajar la harina a velocidad media con el gancho e ir añadiendo, poco a poco, la leche y la sal. Seguir trabajando la pasta hasta obtener una masa tersa y homogénea (no se debe trabajar demasiado). Disponer la masa sobre una superficie lisa. Bolear la masa y cortarla en 4 partes iguales. Bolear estas partes y guardarlas para facilitar la fermentación (dejar fermentar a 5 ºC durante 1 h).

Posteriormente, estirar en la laminadora a grosor máximo. Dejar reposar la masa tapada con un paño húmedo durante 1 min. aproximadamente. Volver a estirar la masa por la parte más ancha. Tapar con un paño húmedo y dejar reposar 1 min. Repetir varias veces la operación hasta obtener una lámina de 0,5 mm de grosor. Cortar círculos de 3,5 cm de diámetro con la ayuda de un cortapastas. Dejar reposar 10 min. para conseguir una pequeña capa. Cocer en el horno a 250 ºC durante 2 min. y darles la vuelta hasta acabar su cocción. Con esta receta salen aproximadamente 100 unidades, pero elaborar menos cantidad no es recomendable.

Para el sorbete de tomate: limpiar los tomates y cortarlos en cuartos. Machacarlos con las manos sin hacer puré. Dejar unas 3 h en una estameña previamente humedecida con agua. Desechar la pulpa y guardar el agua de tomate resultante (que ha de ser transparente y con un ligero color rosado).

Calentar 100 g de agua de tomate y disolver las hojas de gelatina y dextrosa. Mezclar con el resto del agua y la clara de huevo. Pasar por la sorbetera y, cuando empiece a tomar cuerpo, quitar la posición de frío durante unos 2 min. para que el sorbete monte. Volver a poner la posición de frío y triturar 1 min. más. Guardar en el congelador a una temperatura entre -8 y -10 ºC.

Presentación

Practicar un pequeño orificio en la parte superior del pan inflado y rellenar con aceite de oliva virgen con ayuda de una jeringuilla. Tapar el orificio con un cristal de sal Maldon. Finalmente, poner una pequeña cantidad de sorbete de tomate en una copa con el pan relleno de aceite encima.

Restaurante Café de París

Málaga, **Andalucía**
Jefe de cocina: **José Carlos García**

Ajo blanco malagueño
con granizado de vino tinto

Valores nutricionales: → E ↓ C ↑ HdC

Para el ajo blanco:

- 500 g de almendra marcona
- Pan de miga consistente (del día anterior)
- 2 dientes de ajo
- Sal
- Vinagre de vino
- **Aceite de oliva virgen extra *Hojiblanca*, suave, frutado, ligeramente amargo, de la variedad Hojiblanca**
- Aceite de girasol
- Agua helada

Para el granizado de vino tinto:

- Azúcar
- Corteza de naranja
- Corteza de limón
- Media vara de canela
- Vino tinto

Herramientas específicas:

- *Thermomix* o robot de cocina muy potente

Elaboración

***Para el ajo blanco*:** cubrir las cuchillas de la *Thermomix* con las almendras y echar aceite de oliva y de girasol al 50% hasta que casi cubra las almendras; a continuación, mojar el pan del día anterior con agua y exprimir con nuestras manos hasta que se forme una bola de pan húmedo. Introducir también esta bola en la *Thermomix* junto con los 2 dientes de ajo y triturar a la máxima potencia sin añadir agua, hasta que consigamos una pasta fina y uniforme (es importante que la pasta quede fina antes de añadir el agua, pues si no luego nos quedará muy vasto). Después, poco a poco, añadir el agua helada, la sal y el vinagre al gusto y, por último, colar por el chino.

***Para el granizado de vino tinto*:** hacer un jarabe con el azúcar y el agua a partes iguales, la canela y las cortezas de limón y naranja, y calentar al fuego hasta que espese ligeramente. Dejar enfriar y mezclar a partes iguales con el vino tinto, congelar y raspar con la punta de un tenedor.

Presentación

Servir en una copa de *dry Martini* una cantidad de ajo blanco y, con cuidado para que no se mezcle demasiado, depositar 1 cs de granizado sobre éste y unas gotas de aceite de oliva por la superficie del ajo blanco.

123

Restaurante Las Torres

Huesca, **Aragón**
Jefe de cocina: **Fernando Abadía**

Pestiños de albahaca, sorbete de alpicoz y Arbequina

Valores nutricionales:→E↓C↑HdC

Ingredientes:

100 g de aceite de oliva virgen extra _Queiles_, suave, frutado y dulce, de la variedad Arbequina

200 g de agua

5 g de sal

10 g de albahaca

10 g de levadura

300 g de harina

500 g de jarabe

2 alpicoces

Elaboración

Para los pestiños de albahaca: mezclar el aceite, el agua, la sal, la albahaca y la levadura. Hervir la mezcla y escaldarla con la harina. Estirar después la masa, dar forma a los pestiños y freírlos en abundante aceite caliente.

Para el sorbete de alpicoz: poner el jarabe base y los 2 alpicoces pelados en el vaso de la _Paco Jet_. Turbinar y reservar.

Presentación

Disponer una _quenelle_ de sorbete con el pestiño encima, sal Maldon y aceite de oliva virgen de la variedad Arbequina.

Restaurante Anthuriun

Las Palmas de Gran Canaria, **Canarias**
Jefe de cocina: **Kiko Casals**

Cherne confitado en aceite de Arbequina con arroz cremoso de pata de cerdo y Majorero

Valores nutricionales: → E → C

Para el fondo y las patas de cerdo:

2 patas de cerdo

2 puerros

2 zanahorias

1 cebolla grande, 1 tomate

2 ramitas de romero

2 1/2 l de agua

Sal, pimienta molida

Para el sofrito:

2 escalonias *ciselée*

2 ajos picados

200 g de pimiento verde cortado en *emincées*

80 g de mantequilla

100 g de aceite de oliva virgen extra *Carbonell*, suave, frutado, maduro, de la variedad Arbequina

Para el arroz:

50 g de fondo de ave

50 g del caldo de cocción de las patas

30 g de arroz bomba

20 g de vino blanco seco

10 g de queso Majorero curado y rallado

25 g de pata de cerdo asada en macedonia

35 g de mantequilla

1/4 de pata (ya cocida) en macedonia

Sal, pimienta molida

Para el cherne confitado:

400 g de lomo de cherne desalado

380 g de aceite de oliva de la variedad Arbequina

130

Para la salsa de piquillos:

50 g de caldo de pata

80 g de pimientos del piquillo

Elaboración

Para el fondo y las patas de cerdo: chamuscar, limpiar y desangrar las patas. Juntar con el resto de ingredientes en una olla a presión. Cocer en dos veces. Sacar las patas, deshuesarlas y cortar en macedonia. Continuar con la salsa de piquillos. Reducir el caldo a 1/3, añadir los piquillos, triturar en la *Thermomix* a 50 ºC, colar por chino y tamiz, y reservar.

Para el sofrito, fundir la mantequilla y el aceite. Añadir pimiento y cebolla, y cocer a fuego muy bajo. Añadir los ajos y cocer un par de minutos más. Reservar. En el sofrito, añadir el arroz y anacararlo. Mojar con vino y dejar evaporar. Agregar la macedonia de patas de cerdo cocidas. Mojar con mezcla de los dos fondos hasta cubrir. El arroz debe estar siempre cubierto por un poco de caldo, y hay que trabajarlo como si fuera un *rissotto* A los 15 min. añadir el queso y la mantequilla. Rectificar de sal. Sacar del fuego, incorporar la macedonia de patas de cerdo y dejar reposar 2 min., trabajando el conjunto.

Para el cherne confitado: calentar el aceite a 80 ºC. Confitar el lomo de cherne (debemos mantener una temperatura constante). Escurrirlo bien sobre papel y reservarlo tibio.

Presentación

En un plato de servicio caliente colocar el arroz cremoso a un lado. Sobre el mismo (y a un costado) situar el lomo de cherne, salsear con una raya de piquillos y refrescar con romero y perifollo.

131

Restaurante Anthuriun

Las Palmas de Gran Canaria, **Canarias**
Jefe de cocina: **Kiko Casals**

Chuletas de cordero con cuscús
de trompetas de la muerte
y pesto de Picual y cilantro

Valores nutricionales: ↑ E → C ↑ Proteínas

Para las chuletas:

3 chuletas de cordero por comensal

(con los palos limpios)

Pesto de cilantro

Pan rallado

Para el jugo de trompetas:

70 g de trompetas de la muerte

(Craterellus cornucopioides) deshidratadas

2 l de agua

Para el cuscús:

Mantequilla

1 escalonia ciselée

Beicon ahumado en macedonia

Trompetas de la muerte picadas

20 g de cuscús

60 g de jugo de trompetas

Una pizca de sal ahumada

1 cs de mantequilla

Para el pesto:

35 g de hojas de cilantro

6 dientes de ajo (sin germen)

6 piñones tostados

Queso Majorero curado y rallado

350 g de aceite de oliva virgen extra Conde
de Argillo, intenso, frutado, ligeramente picante,
con un toque amargo, de la variedad Picual

Sal, pimienta

Para el tomate picante:

Mantequilla

3 escalonias *ciselée*

400 g de tomate pelado en macedonia

6 guindillas

1 pimentón dulce

40 g de vino blanco seco

Sal

Pimienta molida

Elaboración

Para el jugo de trompetas: juntar las trompetas y el agua. Llevar a la plancha y hacer una infusión a 80 °C durante 30 min. Colar apretando y reservar el jugo por un lado y las trompetas picadas por otro.

Para el pesto de cilantro: juntar todos los ingredientes, triturarlos en la *Thermomix* y reservar.

Para el tomate picante: rehogar las escalonias y las guindillas en mantequilla. Añadir pimentón y rápidamente el vino blanco. Reducir y añadir el tomate. Salpimentar y cocer durante 20 min. removiendo. Triturar en la *Thermomix* a 60 °C y pasar por el chino y la estameña.

Para las chuletas: marcarlas en la plancha por todos sus lados. Pintarlas con el pesto, espolvorear con pan rallado, hornearlas sobre la placa a 180 °C durante 8 min. y dejarlas reposar tibias.

Para el cuscús: rehogar la escalonia y el beicon en mantequilla. Añadir las trompetas picadas y rehogar. Agregar el cuscús, mojar con el jugo de trompetas, salar con sal ahumada y cocer 5 min. Fuera del fuego, montar con mantequilla.

Presentación

En plato de servicio colocar a un lado el cuscús en un aro pequeño, con las 3 dobles chuletas semimontadas. Finalmente, terminar con un cordón de pesto y gotas de tomate picante.

Restaurante Bamira

San Agustín (Gran Canaria), **Canarias**
Jefe de cocina: **Herbert Eder**

Ensalada de langostinos y buey cocido
sobre tiras de rábano y queso duro, aliñada con aceite de oliva virgen extra

Valores nutricionales: ↑E↑C↑Proteínas

Ingredientes:

500 g de carne de buey para guisar

8 piezas de langostinos nº 1

1 rábano, 1 cebolla pequeña

Zanahoria

Pepino

Calabacín

Queso duro

Sal y pimienta

Vinagre

Aceite de oliva virgen extra *Marqués de Murrieta*, suave, frutado, de la variedad Arbequina (cosecha 2002-2003)

Elaboración

Guisar la carne de buey con las verduras hasta que esté bien hecha. Dejarla enfriar y cortar la carne y la verdura en tiras finas y largas. Saltear los langostinos con la carne y las verduras. Aparte, dejar las tiras de rábano. Poner los sabores de sal, pimienta, vinagre y el aceite de oliva extra al gusto.

Presentación

Preparar los platos con las tiras de rábano, encima la ensalada, después rallar el queso duro y ponerlo encima. Añadir un poco de aceite o decorar la ensalada con la cabeza de langostinos y 2 ó 3 espaguetis crudos.

135

Restaurante Bamira
San Agustín (Gran Canaria), **Canarias**
Jefe de cocina: **Herbert Eder**

Salteado de bonito con hinojo y aceite de oliva virgen extra
con base de ensalada de habichuelas y peras

Valores nutricionales: → E↓C↑Proteínas

Ingredientes:

600 g de filetes de bonito fresco

300 g de habichuelas planas

2 ó 3 cebollitas

1 pieza de hinojo

2 peras

Sésamo

Sal de mar

Pimienta

Vinagre de vino

Aceite de oliva virgen extra, *Abbae de Queiles*, suave, frutado y dulce, de la variedad Arbequina

Elaboración

Cortar el bonito en trozos de 1 cm y el hinojo en tiras muy finas. Limpiar las habichuelas, cortarlas en trozos y guisarlas en agua. Cortar las peras peladas en tiras y las cebollitas en rodajas. Mezclar en un bol las habichuelas guisadas, las cebollitas y las peras con sal, pimienta, aceite y vinagre al gusto.

Calentar el aceite en una sartén y añadir el bonito, el hinojo con sal y pimienta, y freírlo.

Presentación

Preparar la ensalada en la base del plato, poner encima el bonito con hinojo y un poco de sésamo. Decorar con el verde del hinojo, unas gotas de aceite y sésamo.

Restaurante Cenador de Amós

Villaverde de Pontones, **Cantabria**
Jefe de cocina: **Jesús Sánchez**

Bizcocho de aceitunas
con mermelada de aceite
y helado de pan

Valores nutricionales: → E → C ↑ HdC

Para el bizcocho:

100 g de puré de aceitunas

20 g de azúcar, 40 g de harina

3 yemas, 2 claras

Para la mermelada de aceite:

50 g de azúcar Isomalt

50 g de glucosa

60 g de aceite de oliva virgen extra *Torre Real*,
suave, frutado, maduro, de la variedad Picual

100 g de tapioca cocida

Para la teja de aceitunas:

30 g de puré de aceitunas

30 g de claras

35 g de harina

30 g de glucosa

40 g de mantequilla

1 g de sal

Para el yogur especiado:

125 g de yogur

70 g de aceite de oliva virgen extra *Torre Real*,
suave, frutado, maduro, de la variedad Picual

2 g de eneldo

Para el helado de pan:

1 800 g de leche

450 g de nata

250 g de azúcar

20 g de *Cremodan*

100 g de leche en polvo

125 g de dextrosa

125 g azúcar invertido

400 g de pan de pueblo

Para el polvo de aceitunas negras:

400 g de aceitunas negras

Elaboración

Montar las yemas con el azúcar y añadir la harina, incorporar el puré de aceitunas y agregar las claras ya montadas.

Hornear a 180 ºC durante 6 min. y dejar reposar.

Poner al fuego el Isomalt y la glucosa y subirlo a 140 ºC. Retirar del fuego, agregar el aceite, trabajarlo y añadir la tapioca.

Trabajar en la amasadora (claras, mantequilla, sal y harina) y, a la mezcla resultante, agregarle la glucosa y el puré de aceitunas. Dejar reposar.

Extender en un *Silpat* y hornear a 180 ºC durante 8 min. Disponer todos los ingredientes en un bol y mezclarlos (reservarlos en frío).

Infusionar la leche con el pan durante 24 h, colar y mezclar en frío con el resto de los ingredientes; dejar reposar y montar en la heladora.

Triturar en la *Thermomix* las olivas obteniendo una pasta fina, extenderla en papel siliconado y deshidratar. Luego, triturar para obtener un fino polvo.

Presentación

Disponer en un plato hondo el yogur sobre el cual va el bizcocho (atemperado) y, encima de éste una *quenelle* de helado, que regaremos con la mermelada de aceite. Para terminar, colocar la teja, espolvorear con el polvo de aceitunas y regar con un chorrito de aceite de oliva virgen de una variedad más suave *(Hojiblanca)*.

Restaurante Cenador de Amós

Villaverde de Pontones, **Cantabria**
Jefe de cocina: **Jesús Sánchez**

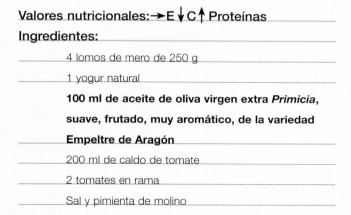

Lomo de mero
del Cantábrico
con yogur en aceite

Valores nutricionales: →E↓C↑ Proteínas

Ingredientes:

4 lomos de mero de 250 g

1 yogur natural

100 ml de aceite de oliva virgen extra *Primicia*, suave, frutado, muy aromático, de la variedad Empeltre de Aragón

200 ml de caldo de tomate

2 tomates en rama

Sal y pimienta de molino

Elaboración

Colocar en un bol o cazuela de acero inoxidable el yogur y cubrirlo con el aceite. Ponerlo a fuego suave sin que llegue a hervir durante 20 min. y dejarlo reposar en frío una noche. A la mañana siguiente, escurrirlo volcándolo sobre un colador fino, obteniendo así un yogur con una consistencia diferente y un sabor intenso al aceite que hemos utilizado (y que también reservamos).

Emulsionar el aceite en el caldo de tomate bien concentrado y, al final, agregar unos dados de tomate natural rojo y bien duro.

Poner los lomos de mero en una bolsa de vacío con un buen chorro de aceite de oliva virgen, envasarlos y cocerlos a 70 ºC durante 12 min.

Presentación

Poner en un plato una base de yogur y, sobre ésta, el lomo de mero. Salsear con el caldo ligado por emulsión, echar la sal al pescado y acabar con un chorro de aceite crudo.

139

Restaurante San Román de Escalante

Escalante, **Cantabria**
Jefe de cocina: Alfonso Botas

Carpaccio
de solomillo de ternera y *foie*

Valores nutricionales: →E→C↑Proteínas

Para el *carpaccio*:

160 g de cabeza de solomillo limpio

60 g de *foie* limpio y desvenado

Para la vinagreta:

1 parte de vinagre de Módena (original)

3 partes de aceite de oliva virgen extra *Dauro de L'Empordà*, suave, frutado, de la variedad Arbequina

Para sazonar el plato:

1 parte de vinagre de Módena (original)

3 partes de aceite de oliva virgen extra *Dauro de L'Empordà*, suave, frutado, de la variedad Arbequina

Elaboración

Abrir la pieza de solomillo en cuatro.

Hacer una pasta con el *foie* a temperatura ambiente, amasándolo en un bol de cristal, añadiéndole sal fina y un poco de vino dulce.

Extender la pasta sobre el solomillo, enrollarlo, envolverlo en *film* y congelarlo.

Presentación

Cortar la pieza congelada en láminas de 1 mm, extendiéndolas en un plato plano.

Mezclar con una cuchara el aceite y el vinagre. Rociar y empapar bien la carne cruda. Dejar reposar 5 min, espolvorear el cebollino y la sal en escamas y servir.

Restaurante San Román de Escalante

Escalante, **Cantabria**
Jefe de cocina: Alfonso Botas

Cigalas
en marmita

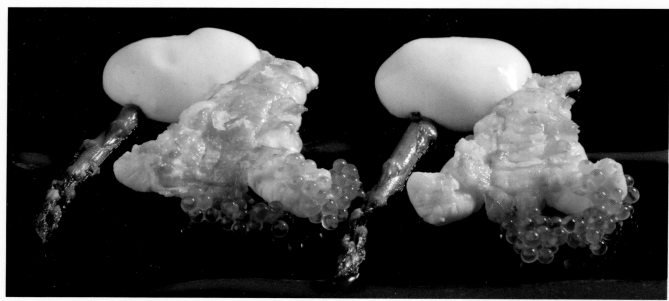

Valores nutricionales: →E →C ↑ Proteínas

Ingredientes base:

8 cigalas de buen tamaño vivas

Para la espuma de patata:

100 g de patata nueva

40 g de marmita

40 g de nata 35% MG

20 g de aceite de cigalas

Sal

Para la marmita:

Las cabezas de las cigalas

1 cebolleta grande

2 zanahorias

4 tomates maduros

1 1/2 l de agua mineral

Para el aceite de cebollino:

Aceite de oliva virgen extra *Marqués de Griñón*,

suave, frutado, de la variedad Arbequina

Cebollino

Elaboración

Para la marmita: extraer las cabezas a las cigalas y dividirlas a lo largo en dos mitades. Luego, romper las pinzas.

Limpiar las hortalizas y picarlas fino. Rallar el tomate. Rehogar bien la cebolla y la zanahoria; cuando empiecen a tomar color, mojarlas con el tomate rallado. Cuando se sequen, colocar las cabezas de las cigalas encima, con el ojo hacia arriba, y dejar rehogar unos 10 min. más.

A continuación, mojar con el agua fría, cocer a 85 ºC durante 2 h y filtrar.

Para la espuma de patata: cocer la patata con piel y, en caliente, pelarla y colocarla en el robot de cocina. Procesar a máxima velocidad y añadir, por este orden, la marmita, la nata y el aceite. Pasar por el fino y reservar, en caliente, dentro de un sifón de 1/2 ISI con dos cargas de gas.

Para el aceite de cebollino: mezclar el mismo aceite con el que se ha cocinado con cebollino recién picado.

Presentación

Pelar los cuerpos de las cigalas y dorarlos en la sartén o en la parrilla. Meterlos al horno a 180 ºC durante 1 min. y colocarlos en el fondo de un plato hondo.

Espumar la patata en un lado y verter la marmita por el otro, rociando con aceite de cebollino, y servir.

Restaurante Las Rejas

Las Pedroñeras (Cuenca),
Castilla-La Mancha
Jefe de cocina: **Manuel de la Osa**

Ajoarriero ahumado
con caviar

Valores nutricionales: ➔ E ➔ C

Ingredientes:

- 250 g de bacalao ahumado
- 150 g de bacalao desalado
- 2 puerros
- 1/2 kg de patatas
- 6 dientes de ajo
- 2 cebolletas tiernas
- 1 dl de aceite de hongos confitados
- **1 dl de aceite de oliva virgen extra *Dintel*, intenso, frutado, con un punto de amargo, de la variedad Cornicabra**
- 1 l de caldo blanco de ave
- 1 cs de caviar Beluga
- Unas gotas de aceite verde de perejil
- Cebollino
- Pan tostado

Elaboración

Rehogar en el aceite de oliva el ajo, el puerro y la cebolleta, añadir la patata y, por último, el bacalao ahumado y el bacalao desalado. Pochar bien sin que tome color, añadir el caldo y cocer hasta que todo esté tierno.

Montar en la *Thermomix* emulsionando con parte del aceite de ajos y el de hongos. Poner a punto de sal, colar por un fino y dejar enfriar.

Presentación

Poner el ajoarriero en un recipiente pequeño acompañado de pan tostado en daditos pequeños, unas gotas de aceite de perejil, 1 ct de caviar y cebollino.

149

Restaurante Las Rejas

Las Pedroñeras (Cuenca),
Castilla-La Mancha
Jefe de cocina: **Manuel de la Osa**

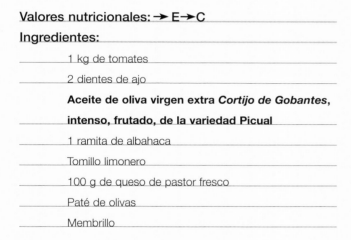

Jugo de tomate, aceite, ajo y albahaca con queso frito, paté de olivas y membrillo

Valores nutricionales: ➔ E ➔ C

Ingredientes:

- 1 kg de tomates
- 2 dientes de ajo
- **Aceite de oliva virgen extra *Cortijo de Gobantes*, intenso, frutado, de la variedad Picual**
- 1 ramita de albahaca
- Tomillo limonero
- 100 g de queso de pastor fresco
- Paté de olivas
- Membrillo

Elaboración

Licuar los tomates con los ajos. Emulsionar el jugo resultante con el aceite de oliva virgen extra y dejarlo macerar 4 h con albahaca y tomillo limonero.

Acompañar con queso de pastor fresco frito (en aceite Hojiblanca), con paté de olivas y compota de membrillo emulsionada con aceite.

151

Restaurante Chez Víctor

Salamanca, **Castilla y León**
Jefe de cocina: **Víctor Salvador**

Aceite de oliva
con sésamo

Valores nutricionales: →E ↓C

Ingredientes:

1/2 l de aceite de oliva virgen extra frutado,
intenso, *Koipe Virgen Extra Hojiblanca*
(variedad Hojiblanca)

50 g de semillas de sésamo

5 cl de *Nuoc Man* (salsa de pescado)

Elaboración

Calentar 1/4 del aceite, añadir el sésamo y freírlo rápidamente. Retirar del fuego, añadir el resto del aceite y la salsa *Nuoc Man*, y dejar enfriar.

Esta preparación es ideal para acompañar al pescado crudo, ahumado o a la plancha.

Puré de patatas
con aceite de oliva

Valores nutricionales: →E ↓C ↑HdC

Ingredientes:

6 patatas medianas

Aceite de oliva virgen *Koipe Virgen Extra*
***Sublime* extra frutado, suave, de las variedades**
Arbequina, Cornicabra y Hojiblanca

Sal gruesa

Pimienta

Elaboración

Asar las patatas (1 por persona), pelarlas y prensarlas con un prensapatatas o un pasapurés, cada una en su plato para que el puré no pierda volumen. Añadir un generoso chorro de aceite, la sal y la pimienta. Consumir caliente.

153

Restaurante Vivaldi

León, **Castilla y León**
Jefe de cocina: **Carlos D. Cidón**

Brocheta de lechazo
sobre cuscús
y milhojas de café y aceite

Valores nutricionales: ↑E→C↑Proteínas

Para la brocheta de lechazo:

600 g de lechazo cortado en trozos

4 alcachofas

Caldo blanco

Fondo de lechazo

150 g de leche en polvo

Aceite de oliva virgen extra *Valderrama*, suave, frutado y ligero, de la variedad Picudo

Sal

100 g de cuscús

Para la teja:

100 g de mantequilla

150 g de claras

30 g de azúcar

Sal

20 g de café descafeinado

Para la espuma:

200 g de aceite

10 g de agua

1 hoja de gelatina

Además:

Salsa de lechazo

Hojas de menta fresca

Elaboración

Para la brocheta de lechazo: limpiar las alcachofas, cocerlas en un caldo blanco y cortarlas en cuartos. Pinchar el lechazo y las alcachofas en las brochetas, alternándolos, y hacerlas en la plancha.

Para el cuscús: cocer el cuscús en el fondo hirviendo, escurrirlo y saltearlo con menta fresca.

Para la teja: mezclar todos los ingredientes, extenderlos sobre *Silpat* y hornear a 180 ºC durante 5 min.

Para la espuma de aceite: hidratar la gelatina, disolverla en el agua caliente y dejarla templar. Emulsionar el aceite al agua. Llenar el sifón y reservar.

Presentación

En un plato rectangular extender, formando una línea, el cuscús y colocar encima la brocheta y, a un lado, el milhojas de café y aceite. Salsear y decorar con menta fresca.

Restaurante Vivaldi

León, **Castilla y León**
Jefe de cocina: **Carlos D. Cidón**

Rape soasado con sopa de tomate y crujiente de pipa de calabaza con aceite

Valores nutricionales: →E↓C↑Proteínas

Ingredientes:

- 800 g de rape negro
- 400 g de tomate para salsa
- 100 g de tomate *concassé*
- 20 g de azúcar
- 100 g de pipas de calabaza pelada
- **Aceite de oliva virgen extra *Gasull*, suave y frutado, de la variedad Arbequina**
- Sal

Elaboración

Para el rape soasado: salar el rape, tostarlo en la plancha y terminar de hacerlo después en el horno durante 6 min. a 180 ºC.

Para la sopa de tomate asado: primero salpimentar los tomates, luego regarlos con aceite y sal y, finalmente, hornearlos durante 15 min. a 180 ºC.

Para el crujiente de pipa de calabaza: sofreír el tomate, añadir el azúcar y saltear hasta conseguir una confitura. Mezclar ésta con las pipas y extender sobre *Silpat*, dejándola secar en el horno a 200 ºC durante 10 min.

Para la lámina de aceite helada: extender el aceite de oliva virgen extra sobre una bandeja y congelar.

Presentación

Colocar en un plato hondo la sopa de tomate, el rape en el centro y situar encima el crujiente y el aceite helado.

157

Restaurante Can Fabes

Sant Celoni (Barcelona), **Cataluña**
Jefe de cocina: **Santi Santamaria**

Verduras
primaverales

Valores nutricionales: ↓ E ↓ C ↑ Vitaminas y minerales

Ingredientes:

- 20 setas de San Jorge
- 20 rebozuelos
- 16 colmenillas
- 16 senderuelas
- 8 tirabeques
- 8 espárragos verdes
- 8 espárragos blancos
- 4 cebolletas
- 2 cs de guisantes
- 2 cs de habitas
- 4 alcachofas
- 1 escalonia
- 15 ml de glasa de trufa
- **15 ml de aceite de oliva virgen extra *La Amarilla de Ronda*, intenso, frutado, de las variedades Picual y Arbequina**
- Perifollo y cebollino
- Sal y pimienta

Elaboración

Preparar las verduras, hervirlas y dejarlas enfriar (es muy importante dar el punto de cocción exacto a todos los componentes de la receta, por lo que es muy recomendable hervirlos por separado en distintas aguas).

Limpiar las setas y saltearlas en una sartén con un poco de aceite de oliva y la escalonia picada. Partir después las cebolletas a la mitad y dorarlas a la plancha.

Mezclar en un bol todas las verduras y aliñarlas con el aceite de oliva y la glasa de trufa.

Presentación

Disponerlas en el plato de manera original (personalmente, prefiero las distribuciones que proporcionan un cierto orden en los platos).

Aunque en primavera ya no las hay, las trufas se pueden presentar como complemento mediante una glasa o rallando una estupenda en fresco. No obstante, fuera de temporada, la Naturaleza ya nos indica que para realzar este plato, de por sí ya excelente, es suficiente con acompañarlas con glasa o aceite de oliva virgen.

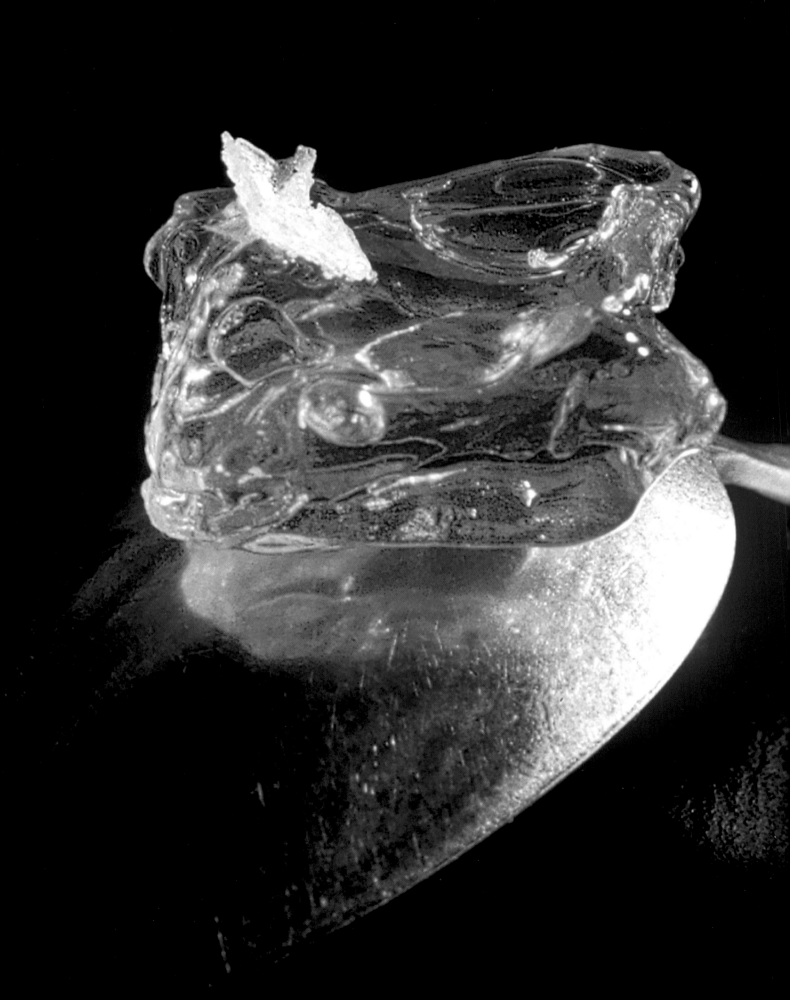

Restaurante El Bulli

Roses (Gerona), **Cataluña**
Jefe de cocina: **Ferran Adrià**

Caramelo
de aceite de oliva

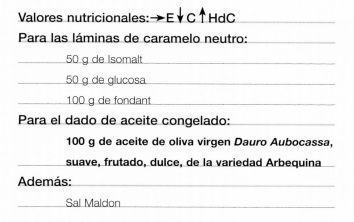

Valores nutricionales: →E ↓C ↑HdC

Para las láminas de caramelo neutro:

50 g de Isomalt

50 g de glucosa

100 g de fondant

Para el dado de aceite congelado:

100 g de aceite de oliva virgen *Dauro Aubocassa*, suave, frutado, dulce, de la variedad Arbequina

Además:

Sal Maldon

Elaboración

Poner en un cazo a cocer el fondant y la glucosa. Remover hasta que quede todo bien disuelto y añadir el Isomalt.

Dejar cocer a fuego medio hasta que el termómetro indique una temperatura de 160 °C (los 5 °C que faltan, los alcanzará con su propio calor).

Retirar del fuego y estirar sobre un papel sulfurizado dejándolo en 1 ó 2 cm de grosor aproximadamente.

Cuando tenga la temperatura perfecta, cortar en pastillas de unos 5 x 5 cm que se reservarán para su uso.

Preparar una placa de horno con 2 *Silpats* y colocar entre ellos la pastilla de caramelo. Introducir en el horno a 170 °C.

Dejar unos 5 min. en el horno hasta que el caramelo se haya disuelto y estirar con un rodillo hasta que quede bien fino.

Pasar a un papel sulfurizado sobre la misma placa y darle la forma deseada.

En caso de que el caramelo se enfríe, volver a introducir en el horno 1 min. para que se caliente y se pueda volver a cortar.

Cortar 10 láminas de 2 x 2 cm, y 10 de 3 x 3 cm.

Es preciso comprobar que las placas de caramelo no tengan poros para que el aceite no se escape.

Rellenar 10 moldes de 1,5 x 1,5 x 1,5 cm con el aceite de oliva virgen.

Poner a congelar a -20 °C. Cuando esté bien congelado, sacar del molde y disponer en una bandeja metálica con un *silpat* en el congelador.

Caramelizar en grupos de 3 en 3 para así facilitar la elaboración.

Presentación

Tapar los 3 dados de aceite con las láminas de caramelo grandes.

Introducir después en la salamandra y fundir el caramelo. Dar la vuelta y tapar con la placa de caramelo pequeño, y repetir la operación de la salamandra. Comprobar que el caramelo queda bien cerrado y esperar unos 2 min. hasta que el aceite se acabe de derretir.

Servir en una cucharita con un poco de sal Maldon.

Restaurante El Bulli

Roses (Gerona), **Cataluña**
Jefe de cocina: **Ferran Adrià**

Pan
con chocolate

Valores nutricionales: →E ↓C ↑HdC

Para el helado de aceite:

> **125 g de aceite de oliva virgen extra** *Hacienda*
> *de Fuencubierta*, **suave, frutado, dulce,**
> **de las variedades Arbequina, Picual y Hojiblanca**

> 25 g de agua

Para el chocolate:

> 75 g de cobertura de chocolate

> 35 g de pasta de cacao

> 1 rallador *Microplane*

Para las láminas de pan tostado:

> 1 *baguette* de pan precocido

Además:

> Sal Maldon

162

Elaboración

Mezclar en un contenedor de la *Paco Jet* el aceite y el agua, y congelar 12 h.

Una vez congelado, turbinarlo todo para que el aceite se mezcle con el agua. Dejar que se vuelva a congelar.

Con el rallador *Microplane*, rallar la cobertura y la pasta de cacao. Mezclar y guardar en lugar seco y fresco.

Congelar la *baguette*.

Extraer la corteza y cortar a lo largo en láminas, con la máquina cortadora, a 0,2 cm de grosor.

Recortar 20 láminas en cuadrados de 2,5 x 2,5 cm y tostarlas en la salamandra.

Presentación

Pasar las raciones necesarias del aceite texturizado por la *Paco Jet*.

Con una cuchara de café, hacer una pequeña *quenelle* de aceite texturizado.

Rebozar la bola de aceite en el chocolate y la pasta de cacao.

Colocarla sobre un cuadrado de pan y cubrir con otro.

Acabar el conjunto con unos cristales de sal Maldon.

Restaurante La Broche

Madrid, **Comunidad de Madrid**
Jefe de cocina: **Sergi Arola**

Sardinas marinadas rellenas
de huevas de arenque
y verduras

Valores nutricionales:→E↓C↑Proteínas

Ingredientes base:

- 10 sardinas medianas
- 4 rebanadas de pan de molde
- **Aceite de oliva virgen extra *Hacienda* 1917, intenso, frutado, de las variedades Picual, Hojiblanca y Arbequina**

Para el marinado:

- 1 l de agua de mar
- 300 cl de vinagre
- Una pizca de sal

Para el relleno:

- ½ kg de tomates maduros
- ½ zanahoria
- ½ rama de apio verde
- ½ puerro pequeño
- 1 chalota
- 1 manojo de cebollino
- 100 g de huevas de arenque

Elaboración

Para las sardinas marinadas: filetear las sardinas (nosotros o el pescadero) aprovechando sólo el lomo. Una vez fileteadas, ponerlas en agua y hielos para que se desangren durante 30 min. Escurrirlas y marinarlas durante 8 h con el vinagre, el agua de mar y la sal. Cuando haya transcurrido este tiempo, comprobar si la cocción ha sido correcta (la carne estará totalmente blanca). Escurrirlas y cubrirlas con aceite de oliva 0,4º durante 2 h.

Para el puré de tomate: rallar los tomates con la piel, colocarlos sobre un trapo y dejar que escurran el agua (luego, prensarlos para que acaben de soltarla). Pasar la pulpa que nos queda en el trapo por un colador fino y ligarla con el aceite y una pizca de sal.

Para la elaboración del relleno: picar en cuadraditos muy pequeños toda la verdura y mezclarla. Además, picar también el cebollino, añadirlo y mezclarlo con las huevas de arenque. Reservar la mezcla en la nevera.

Para la elaboración del pan: congelar el pan de molde. Cuando esté congelado, cortarlo con el cuchillo muy fino, ponerlo sobre papel sulfurizado o de horno, y cocerlo a 180 ºC durante 3 min.

Presentación

Cubrir la base del plato sopero con aceite de oliva virgen 1º y hacer un cordón de tomate sobre el aceite. Separadamente, escurrir las sardinas y enrollarlas intentando que la cola sea lo que cierra el rollito. Rellenarlas con la mezcla y ponerlas en el plato encima del tomate.

Acabar el plato añadiendo encima de cada sardina un trocito de pan tostado.

Restaurante La Broche

Madrid, **Comunidad de Madrid**
Jefe de cocina: **Sergi Arola**

Pan con aceite, azúcar y limas

Valores nutricionales: ↓ E ↓ C ↑ HdC

Ingredientes:

60 ml de aceite de oliva virgen extra *Canoliva*, suave, frutado, de las variedades Picudo, Hojiblanca y Pajarera

1 dl de zumo de lima

20 g de jarabe al 50%

1⁄2 hoja de gelatina

1 lima para rallar

10 g de azúcar glas

Sal Maldon

1⁄2 *baguette*

1 dl de zumo de lima

20 g de glucosa

30 g de *fondant*

15 g de glucosa

Elaboración

Congelar el aceite de oliva en un vaso de la *Paco Jet* y, una vez congelado, pasar por la máquina.

Para la gelatina de lima, diluir la gelatina (previo remojo) en la mezcla de zumo de lima y jarabe *tpt* (jarabe de agua y azúcar al mismo peso), y dejar enfriar cubriendo el fondo del plato sopero.

Congelar la *baguette* y cortar, con ayuda de un cortafiambres, 1 lámina de 7 x 3 cm lo más fino posible y secarla al horno a 90 ºC.

Mezclar en un cazo el zumo de lima y la glucosa, y poner al fuego hasta que llegue a 110 ºC. Retirar y dejar enfriar.

Poner la glucosa y el *fondant* en una caceta a hervir y subirlo a 158 ºC. Luego, dejar que deje de hervir y extender sobre un papel antigraso. Esperar que se enfríe un poco y cortarlo en pastillas, que posteriormente se estirarán entre 2 *Silpat*, y calentar en el horno para estirar con el rodillo. Una vez fino y caliente, dar forma al pañuelo y espolvorear con ralladura de lima.

Presentación

Disponer en el plato la gelatina de lima, con la lámina de pan y el helado de aceite de oliva por encima.

Restaurante Santceloni

Madrid, **Comunidad de Madrid**
Jefe de cocina: **Óscar Velasco**

Besugo
al horno

Valores nutricionales: → E ↓ C ↑ Proteínas ↑ M y V

Ingredientes:

4 besugos de 500 a 600 g
4 tomates
2 cebollas
8 cs de sémola de cuscús
1 cs de pimientos
1 cs de calabacín
1 cs de berenjena
2 ajos
Caldo de verduras

**Aceite de oliva virgen extra *La Amarilla
de Ronda Intenso*, frutado, de las variedades
Picual, Hojiblanca y Arbequina**

Para la salsa de perejil:

1 manojo de perejil
2 ajos
8 cs de aceite de oliva virgen
1/4 l de caldo de verduras
Sal
Pimienta
2 cs de aceite de oliva de 0,4°

Elaboración

Limpiar el pescado y quitarle la espina por el lomo, pero sin separar la cabeza.

Hervir la sémola de cuscús con el caldo de verduras (el cuscús debe quedar seco, y para esto hay que ir añadiendo el caldo al cuscús a medida que la sémola lo vaya absorbiendo).

Cortar en dados pequeños *(brunoise)* los vegetales y saltearlos en una sartén con aceite de oliva. Salpimentar y mezclar con el cuscús.

Rellenar el pescado con el cuscús y los vegetales, y atarlo.

Hacer un lecho de cebolla y tomate en la fuente del horno. Salpimentar y añadir un poco de aceite de oliva. Colocar el pescado encima del lecho.

Hacerlo en el horno a temperatura de 210 ºC durante 8 min. Una vez hecho, desatarlo y servir uno por persona o, si es un pescado grande, trincharlo.

Para la salsa de perejil:

Escaldar las hojas del manojo de perejil.

Sofreír el ajo con un poco de aceite de oliva.

Añadir el caldo de verduras y dejar reducir. Ponerlo en la *Thermomix* o en la licuadora con el resto del aceite de oliva virgen. Rectificar de sal y pimienta y servirla en una salsera.

169

Restaurante Santceloni

Madrid, **Comunidad de Madrid**
Jefe de cocina: **Óscar Velasco**

Calamares
con buñuelos de bacalao

Valores nutricionales: → E↓ C↑ Proteínas

Ingredientes base:

1 kg de calamares

1 kg de mejillones

2 escalonias picadas

1/4 l de vino blanco

24 buñuelos de bacalao

2 pizcas de azafrán

Perifollo para decorar

Sal y pimienta recién molida

14 cs de aceite de oliva virgen extra *La Amarilla de Ronda Suave*, frutado, suave y dulce de la variedad Arbequina

Para los buñuelos de bacalao:

200 g de bacalao desalado y desmigajado

2 cs de aceite de ajo

2 cs de perejil picado

200 g de masa de fritura

Elaboración

Limpiar los calamares, quitarles la aleta interior y limpiarlos si tienen impurezas o arena. Arrancar la boca de entre las patas.

Limpiar los mejillones. Hervirlos al vapor con las escalonias y el vino blanco en una olla tapada. Arrancar el mejillón de la concha. Reservar el caldo de cocción de los mejillones.

Hacer una infusión con el azafrán y 1/4 l del caldo de cocción de los mejillones, hervirlo y reducirlo sin dejar que quede salado.

Poner en la *Thermomix* el caldo del azafrán y ligarlo con aceite de oliva.

Salpimentar los calamares y saltearlos a la plancha.

Mezclar los ingredientes de los buñuelos formando bolitas pequeñas y freírlos en aceite muy caliente. Para facilitar la operación, se puede poner la masa de los buñuelos en una manga pastelera e irla cortando. Cuando los buñuelos estén dorados, disponerlos sobre un papel absorbente.

Restaurante Maher

Cintruénigo, **Comunidad Foral de Navarra**
Jefe de cocina: **Enrique Martínez**

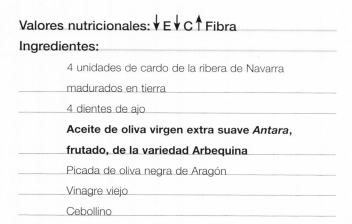

Cardo rizado en ensalada
con aceite texturizado

Valores nutricionales: ↓E ↓C ↑Fibra

Ingredientes:

4 unidades de cardo de la ribera de Navarra

madurados en tierra

4 dientes de ajo

Aceite de oliva virgen extra suave *Antara*,

frutado, de la variedad Arbequina

Picada de oliva negra de Aragón

Vinagre viejo

Cebollino

Elaboración

Para limpiar el cardo: eliminar todas sus clásicas hebras y luego cortarlo en rectángulos de 3 x 4 cm -haciendo cortes tanto longitudinales como transversales en ambos extremos- e introducirlo en agua helada.

Para el aceite de majado: realizar en un mortero tradicional una majada de ajo, aceite de oliva y un toque de vinagre viejo (con el que posteriormente, y en un bol de acero, aliñaremos el cardo).

Para el aceite texturizado: introducir el aceite de oliva virgen en el vaso de la sorbetera, congelarlo a -18 ºC y reservarlo. 10 min. antes de servirlo, texturizar el aceite de oliva.

Presentación

Para la picada de aceituna negra, utilizar aceitunas de Aragón negras, quitar el hueso y hacer una picada, a la que se agregará sal Maldon, cebollino y aceite de oliva virgen. Colocar la picada de aceituna en el fondo del plato poniendo encima el aceite texturizado, y añadir un poco de *flor de sal*.

El cardo se aliña con un toque de su aliño de majado de ajo.

173

Restaurante Maher

Cintruénigo, **Comunidad Foral de Navarra**
Jefe de cocina: **Enrique Martínez**

Tataki de bonito al aceite de oliva con sofritos perfumados de albahaca

Valores nutricionales:→E ↓C ↑Proteínas

Para el *tataki*:

1 bonito de 2 kg

2 kg de sal marina gorda

5 l de aceite de oliva virgen extra *Canoliva*, intenso, frutado, de las variedades Picual y Picudo, a los que añadiremos: 3 ajos, 1 cayena, 10 g de pimienta negra, 100 g de jengibre, romero, salvia y estragón

Además:

Brotes de ensalada

200 g de pimientos de la variedad "cristal"

Cebolla asada

Vinagreta de jengibre y soja

200 g de masa de pan de coca

100 g de sofrito de tomate perfumado a la albahaca

Elaboración

Quitar al bonito las partes más oscuras. Una vez limpio el lomo, introducirlo en sal unos 65 min. procurando que quede bien cubierto. Finalizado este tiempo, limpiar el lomo con ayuda de un paño, sin pasarlo por agua.

Preparar el aceite con todos los elementos aromáticos (que previamente habrán estado 24 h en reposo). Sumergir el bonito en este aceite hasta cubrirlo y reservarlo otras 24 h como mínimo.

Por otro lado, racionar la masa de pan de coca en rectángulos -que se pintarán con el sofrito de tomate, incorporando la cebolla pochada y los pimientos "cristal"- y hornear a 180 ºC durante 10 min.

Presentación

Trocear el bonito en dados pequeños y colocarlo sobre el pan. Acabar aderezándolo usando el aceite de oliva de la marinada del bonito y unas gotas de salsa de soja y vinagre viejo.

Terminaremos el plato con unos brotes de ensalada y un toque de sal gorda gris.

Restaurante Aldebarán

Badajoz, **Extremadura**
Jefe de cocina: **Fernando Bárcena**

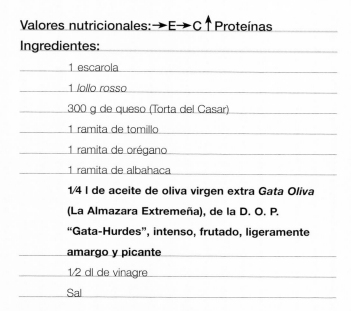

Ensalada de queso fundido
con aceite de hierbas

Valores nutricionales: →E→C↑Proteínas

Ingredientes:

1 escarola

1 *lollo rosso*

300 g de queso (Torta del Casar)

1 ramita de tomillo

1 ramita de orégano

1 ramita de albahaca

1/4 l de aceite de oliva virgen extra *Gata Oliva* (La Almazara Extremeña), de la D. O. P. "Gata-Hurdes", intenso, frutado, ligeramente amargo y picante

1/2 dl de vinagre

Sal

Elaboración

Deshojar las hierbas y macerarlas con el aceite de oliva (esta maceración deberá durar unas 6 h).

Limpiar las escarolas y la *lollo rosso*, ponerlas en hielo y luego escurrir.

Cortar el queso y colocarlo sobre un plato sopero, añadir un poco del aceite con las hierbas y meterlo al horno hasta que se funda.

Preparar una vinagreta con el aceite de hierbas y el vinagre. Sazonar la escarola y la *lollo rosso*, añadir la vinagreta y colocar en un plato.

Presentación

Cuando el queso esté fundido, tapar la ensalada y decorarla con aceite alrededor.

Restaurante Aldebarán
Badajoz, **Extremadura**
Jefe de cocina: **Fernando Bárcena**

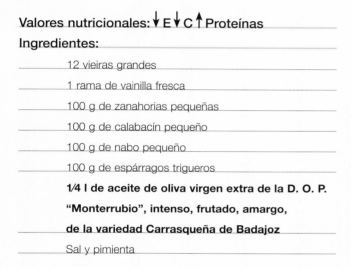

Vieiras asadas con verduras
al aroma de vainilla

Valores nutricionales: ↓ E ↓ C ↑ Proteínas

Ingredientes:

12 vieiras grandes

1 rama de vainilla fresca

100 g de zanahorias pequeñas

100 g de calabacín pequeño

100 g de nabo pequeño

100 g de espárragos trigueros

1/4 l de aceite de oliva virgen extra de la D. O. P.

"Monterrubio", intenso, frutado, amargo,

de la variedad Carrasqueña de Badajoz

Sal y pimienta

Elaboración

Abrir la rama de vainilla a la mitad, sacar el interior y ponerlo en el aceite de oliva. Limpiar las vieiras dejando sólo la carne y el coral.

Limpiar también las verduritas y cortarlas en trozos de tamaño regular pero muy fino.

Poner una sartén con aceite y saltearlas con sal y pimienta.

Sazonar las vieiras con sal y pimienta e impregnarlas con el aceite. Asarlas sobre la plancha dejándolas poco hechas.

Mezclar las vieiras con las verduras salteadas y servirlas en un plato sopero.

La Torta del Casar es un queso elaborado exclusivamente a base de leche cruda de oveja, cuajo vegetal y sal, de textura cremosa, olor intenso y sabor desarrollado que resulta fundente al paladar, nada salado y ligeramente amargo debido al cuajo vegetal. La idea de este plato es controlar la temperatura del queso, equilibrar el amargor y la sal, complementándolo con ensalada de hierbas aromáticas e incorporando el aceite especiado, arraigándonos en la idea del queso de oveja mantenido en aceite. Recuerdo cuando era niño que la gente en el pueblo decía "¡Qué mala suerte hemos tenido! ¡Se nos han atortado todos los quesos!". En aquella época, la gente pretendía hacer quesos para mantener en aceite y consumir a lo largo del año; sin embargo, hoy todos codiciamos esa crema ligera y untuosa que nos ofrecen las tortas.

Elaboración

Limpiar las verduras y cortarlas. Secar las lonchas de jamón entre papeles absorbentes y dos sartenes. Colocar las verduras adecuadamente en un aro de 12 cm y cocerlas durante 4 min.

Presentación

Colocar el conjunto sobre el plato de presentación, retirar el aro, decorar con las lascas de Ibérico deshidratadas, espolvorear con sal Maldon y chorretear con el aceite de oliva virgen.

Restaurante Toñi Vicente
Santiago de Compostela (La Coruña), **Galicia**
Jefe de cocina: **Toñi Vicente**

Carpaccio de higos, vinagreta, helado de kéfir, Parmesano y aceite

Valores nutricionales: ↑E→C↑HdC

Para el *carpaccio* y la vinagreta:

1 kg de higos

2 dl de aceite de oliva virgen extra *Valderrama*, suave y frutado, de la variedad Arbequina

1 dl de vinagre de Módena

100 g de queso Parmesano

Sal y azúcar

Pimienta de Schezuan

Perifollo

Para el helado de kéfir:

1 l de leche

Kéfir

200 g de azúcar glas

Elaboración

Para el carpaccio y la vinagreta: limpiar los higos, cortarlos en rodajas, poner éstas en platos y colocar un papel *film* encima para así aplastarlos. Situarlos en los platos y congelar.

Para la vinagreta: mezclar el aceite, el vinagre, las hierbas y la pimienta. Retirar los higos del congelador, echarles un poco de sal y azúcar y aliñarlos con la vinagreta.

Para el helado de kéfir: fermentar la leche con el kéfir durante 12 h. Colar el líquido resultante y agregarle el azúcar. Mezclar muy bien y congelar.

En el momento de servir, pasar por la *Paco Jet*.

Presentación

Una vez aliñados los higos con la vinagreta, acompañar con el helado y, sobre él, colocar el Parmesano.

195

Restaurante Toñi Vicente

Santiago de Compostela (La Coruña), **Galicia**
Jefe de cocina: **Toñi Vicente**

Bacalao en emulsión
de aceite

Valores nutricionales: ↑E ↑C ↑Proteínas

Ingredientes:

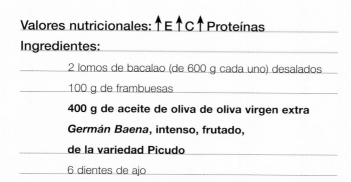

2 lomos de bacalao (de 600 g cada uno) desalados

100 g de frambuesas

400 g de aceite de oliva de oliva virgen extra

***Germán Baena*, intenso, frutado,**

de la variedad Picudo

6 dientes de ajo

Elaboración

Para la emulsión de aceite: poner al fuego el aceite con los dientes de ajo y dejarlos dorar. Retirar del
fuego, dejar templar el aceite, incorporar los recortes
de bacalao (que se habrán recortado de los lomos) y
hacer la emulsión poco a poco (como si de un pilpil se
tratara). Finalmente, filtrar y reservar.

Para el bacalao: cocer lo lomos al vapor durante
5 minutos aproximadamente (dependiendo del grosor
del bacalao).

Para el coulis de frambuesas: triturar las frambuesas, filtrar y reservar.

Presentación

Situar la emulsión en la base del plato con el bacalao,
las frambuesas y el *coulis*.

Restaurante Cana Joana

Ibiza, **Islas Baleares**
Jefe de cocina: **Joana Biarnés**

Almejas de carril a la infusión
de aceite de primera prensada y tomillo

Valores nutricionales: ↓E ↓C ↑Proteínas

Ingredientes:

1 kg de almejas de carril

200 ml de aceite de oliva virgen extra de primera prensada, *Orobaena*, suave, frutado, de la variedad Picudo

2 ó 3 ramitas de tomillo

Elaboración

En un cazo con un poco de agua, poner el tomillo y seguidamente añadir las almejas. Tapar y dejar al fuego hasta que éstas se abran. Recoger el agua que han soltado (que estará perfumada con el tomillo y el jugo de las almejas) y colocarla en otro cazo.

Añadir el aceite de primera prensada (poco a poco y a fuego muy bajo) y mover con las varillas hasta obtener una emulsión, para bañar a continuación las almejas. Salpimentar y servir.

Restaurante Cana Joana

Ibiza, **Islas Baleares**
Jefe de cocina: **Joana Biarnés**

Raviolis de patata rellenos de butifarra y emulsión de aceite extra frío

Valores nutricionales:➔E➔C↑Proteínas e HdC

Ingredientes:

4 patatas medianas (tipo "Mona Lisa")

2 butifarras de La Garriga

150 ml de aceite de oliva virgen extra frío
***La Unió*, suave, frutado, de la variedad Arbequina**

Elaboración

Pelar y cortar las patatas tipo *chip* (para luego formar los raviolis), es decir, muy finas, procurando que todas tengan el mismo diámetro (utilizar un aro cortador para que todas sean iguales). Reservar.

En una sartén, saltear las butifarras lentamente durante 10 ó 12 min. Luego, pasarlas por la picadora hasta que quede una pasta muy fina, y dejar enfriar.

Para la cocción de las patatas: en una sartén con bastante aceite virgen extra frío confitar las patatas muy lentamente durante 5 min. aproximadamente. Sacarlas con cuidado y ponerlas sobre una bandeja para que escurran.

Para el montaje de los raviolis: poner encima de un redondel de patata 1 ct de butifarra picada, tapar con la otra mitad de la patata y así sucesivamente. Preparar 5 raviolis por persona.

Para la emulsión: calentar ligeramente el aceite de oliva virgen extra frío sin dejar de mover con unas varillas y añadir, poco a poco, el agua de la cocción de las patatas hasta obtener una emulsión.

Presentación

Colocar 5 raviolis y naparlos con la emulsión. Finalmente, salpicar con *flor de sal* y pimienta.

199

Restaurante Tristán
Mallorca, **Islas Baleares**
Jefe de cocina: **Gerhard Schwaiger**

Aceite de oliva virgen extra
con limones a la sal, *pesto* y tomates asados al horno

Valores nutricionales: ➜ E ↓ C

Para los tomates asados al horno:

4 tomates, 1 rama de romero

1 diente de ajo, 1/8 l de aceite de oliva, 1 g de sal

Para los limones a la sal:

2 limones lavados, 100 g de sal gorda

1/4 l de aceite de oliva virgen extra *Valderrama*,

intenso, frutado, amargo, picante, de ensamblaje,

de la variedad Arbequina

Una pizca de cayena

Para el *pesto*:

4 hojas grandes de albahaca, 5 g de perejil

1 diente de ajo picado, sal, 1 cs de zumo de limón

10 g de Parmesano, 1/8 l de aceite de oliva virgen extra

Elaboración

Para el pesto: picar todos los ingredientes muy fino en una picadora eléctrica.

Para los tomates: quitar la piel de los tomates, picar el romero y el diente de ajo, mezclarlo con un poco de aceite de oliva y añadir esta mezcla sobre los tomates. Hornearlos durante 2 h a 100 ºC, sacarlos y salarlos ligeramente. Dejarlos enfriar durante 15 min.

Cortar los limones en lonchas finas y cubrirlos con la sal gorda. Enfriar durante 24 h en la nevera. Después, lavarlos bien y mojarlos durante 1/2 h. Secarlos y mezclarlos con 1/4 l de aceite de oliva frío con una batidor. Finalmente, añadir un poco de zumo de limón y cayena al gusto.

200

Restaurante Tristán

Mallorca, **Islas Baleares**
Jefe de cocina: **Gerhard Schwaiger**

Pa amb oli
con pulpo confitado

Valores nutricionales:→E↓C

Para confitar el pulpo:

1 pulpo de 2 kg, 1 rama de eneldo fresco

1 hoja de laurel, sal

**1/8 l de aceite de oliva virgen extra *Ybarra*,
intenso, frutado, amargo, ligeramente picante,
de varias variedades para envasar el pulpo**

Para la mermelada de tomate:

2 tomates de ramillete

3 cs de aceite de oliva virgen extra

2 cs de azúcar mascabado

Sal, 3 hojas de albahaca

12 lonchas finas de pan blanco

(pan de molde "tramezzino")

12 tomates *cherry*

20 dientes de ajo con piel

Para el *allioli*:

1/2 l de aceite de oliva virgen extra

1 ajo picado

El zumo de 1 limón

Cayena

2 cs del caldo de pulpo

Elaboración

Limpiar el pulpo, introducirlo en agua hirviendo durante 5 min. y enfríar directamente en agua con hielo. Meterlo en una bolsa retráctil con el laurel, el eneldo, la sal y aceite de oliva; envasar al vacío y confitar durante 14 h a 68 ºC en el *Holdomat* u horno.

Quitar la piel a los tomates de ramillete, cortarlos en trozos pequeños, mezclar con el azúcar mascabado, sal, albahaca y 4 cs de aceite de oliva. Cocinar durante 45 minutos a fuego lento (hasta conseguir una consistencia de mermelada) y enfriar durante 4 h en la cámara.

Elaborar raviolis con las lonchas finas de pan blanco "tramezzino" de 5 cm de diámetro con un cortapastas, rellenar con la mermelada de tomate y freír ligeramente en el aceite de oliva con los dientes de ajo y los tomates *cherry*.

Montar en un mortero un *allioli* muy ligero con el aceite, el ajo picado, la cayena, el limón y un poquito del caldo de pulpo que ha quedado en la bolsa vacía.

Restaurante Casa Toni

San Vicente de la Sonsierra, **La Rioja**
Jefe de cocina: **Jesús Sáez**

Anchoas marinadas rellenas de huevas de arenque
con ajo blanco y helado de aceite de oliva

Valores nutricionales: → E→C↑ Proteínas

Para las anchoas marinadas:

20 anchoas

300 g de vinagre

1/2 l de aceite de oliva virgen

700 g de agua, 30 g de sal

Para el ajo blanco:

100 g de miga de pan

1/2 diente de ajo sin el gérmen

Sal, 1/2 cs de vinagre de Jerez

200 g de almendras crudas y peladas

200 g de aceite de oliva virgen extra *Oleoestepa* suave, frutado, de la variedad Arbequina

Agua fría

Para el helado de aceite de oliva:

350 cl de aceite de oliva virgen extra *Tritium* Etiqueta Negra (cosecha 2006) de la variedad Arbequina verde

275 g de azúcar

25 g de azúcar invertido

500 cl de agua

100 g de glucosa

3 g de estabilizante

Además:

1 tarro de huevas de arenque

1 cebollino picado

202

Elaboración

Para las anchoas: limpiar, desespinar y filetear las anchoas. Hacer una marinada con el agua, el vinagre y la sal. Incorporar las anchoas una a una para que no se peguen y se marinen de forma homogénea. Dejar marinar de 1 a 2 h (dependiendo del grosor de las anchoas y del gusto personal del marinado). Una vez marinadas, escurrirlas bien, ponerlas en aceite de oliva y reservar.

Para el ajo blanco: poner en la *Thermomix* o en el vaso triturador la miga de pan, las almendras y el ajo. Hacer una pasta. Seguidamente, incorporar el aceite y montar la pasta como si de una mayonesa se tratara. Sazonar con sal y con la vinagreta, y dejar el grosor deseado con agua fría.

Para el helado de aceite de oliva: mezclar en un cazo todos los ingredientes menos el aceite y el estabilizante. Poner al fuego, hervir durante unos minutos y retirar. Incorporar el estabilizante, triturar y colar. Dejar enfriar. Una vez frío este almíbar, mezclar con el aceite de oliva y dejar "madurar" en el frigorífico durante 10 h. Seguidamente, montar en la heladora.

Presentación

Disponer las anchoas enrolladas e introducir en el centro de cada una las huevas de arenque. Echar en el centro del plato el ajo blanco, colocar alrededor las anchoas y coronar el conjunto con una bola de helado. Salpicar con cebollino picado.

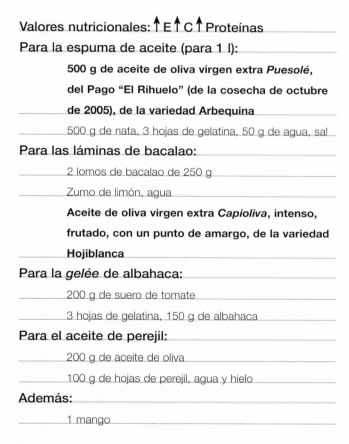

Restaurante Casa Toni

San Vicente de la Sonsierra, **La Rioja**
Jefe de cocina: **Jesús Sáez**

Láminas de bacalao con espuma de aceite de oliva virgen, mango, *gelée* de albahaca y aceite de perejil

Valores nutricionales: ↑ E ↑ C ↑ Proteínas

Para la espuma de aceite (para 1 l):

500 g de aceite de oliva virgen extra *Puesolé*, del Pago "El Rihuelo" (de la cosecha de octubre de 2005), de la variedad Arbequina

500 g de nata, 3 hojas de gelatina, 50 g de agua, sal

Para las láminas de bacalao:

2 lomos de bacalao de 250 g

Zumo de limón, agua

Aceite de oliva virgen extra *Capioliva*, intenso, frutado, con un punto de amargo, de la variedad Hojiblanca

Para la *gelée* de albahaca:

200 g de suero de tomate

3 hojas de gelatina, 150 g de albahaca

Para el aceite de perejil:

200 g de aceite de oliva

100 g de hojas de perejil, agua y hielo

Además:

1 mango

Elaboración

Para la espuma de aceite: mantener el aceite y la nata a la misma temperatura. Disolver la gelatina en el agua templada y mezclar con la nata. Seguidamente, echar el aceite en hilo a la vez que se bate la nata hasta que esté emulsionada como si fuese una mayonesa. Colar y echar el sifón con dos cargas de gas y dejar unas horas en la cámara.

Para las láminas de bacalao: introducir los lomos de bacalao en un cazo con agua y calentar hasta los 65 ºC. Mantenerlos a esta temperatura durante 15 min. Transcurrido este tiempo, separar las láminas y colocarlas en los 4 platos.

Para la gelée de albahaca: triturar el suero de tomate y las hojas de albahaca a 80 ºC en el vaso de la *Thermomix*, incorporar las hojas de gelatina (habiéndolas reblandecido en agua fría previamente) y colar y enfriar en el frigorífico.

Para el aceite de perejil: en un cazo con agua hirviendo incorporar el perejil durante 5 seg. y ponerlo a refrescar en agua con hielo para que conserve el color, escurrirlo y meterlo en la *Thermomix* o en una *Túrmix* junto con el aceite de oliva. Triturar, colar y reservar.

Presentación

Cortar el mango con la cortadora en láminas finas e intercalarlo con las láminas de bacalao en el plato. Rociar con aceite de oliva virgen y echar unas gotas de limón. Echar alrededor el aceite de perejil y encima la *gelée* de albahaca partida en trocitos.

Restaurante Echaurren

Ezcaray, **La Rioja**
Jefe de cocina: **Francis Paniego**

Helado de jamón Ibérico
con semillas de tomate,
costrones de pan y aceite *Dauro*

Valores nutricionales: →E→C↑Proteínas

Para el helado de jamón Ibérico:

40 lonchas de jamón Ibérico

1/2 l de leche

125 g de glucosa

12 g de estabilizante

3 huevos batidos

Aceite *Dauro* elaborado con las variedades
Arbequina, Hojiblanca y Koroneiki
(todas de Gerona)

Además:

Semillas de tomate en rama

1/2 dl por plato de aceite de oliva virgen extra
***Dauro*, suave, frutado, de las variedades**
Arbequina y Hojiblanca

15 hojas de albahaca fresca

Pan (con la miga densa)

2 dientes de ajo

Elaboración

Freír levemente las lonchas de jamón Ibérico y escurrirlas. Infusionar las lonchas rotas de jamón con la leche a fuego suave sin que hierva en ningún momento. Triturar la mezcla en la *Thermomix* y ponerla al fuego, añadiendo la glucosa y el estabilizante. Hervir durante unos segundos para que el estabilizante no forme grumos.

Dejar atemperar la mezcla y añadirla a los huevos batidos sin dejar de mover. Una vez esté bien mezclado todo, colocarlo en la heladora hasta que esté a punto y dejar reposar.

Colocar el aceite con las hojas de albahaca fresca y dejarlo macerar 3 h; pasado ese tiempo, filtrar y reservar. Sacar las semillas de los tomates lo más enteras posible y colocarlas en el fondo del plato.

Presentación

Cortar el pan en rebanadas, untarlo con los dientes de ajo y, después, picarlo en cuadraditos pequeños -pero enteros-. Tostarlos en el horno y colocar los costrones sobre las semillas de tomate. Además, situar encima una *quenelle* de helado de jamón, y echar el aceite macerado con albahaca y un poco de juliana de albahaca.

207

Restaurante Echaurren

Ezcaray, **La Rioja**
Jefe de cocina: **Francis Paniego**

Tartar de tomate
con cigala y ajo blanco

Valores nutricionales: → E ↓ C ↑ HdC

Para el tartar:

- 100 g de tomate en dados
- 25 g de dátiles picados en *brunoise*
- **25 cl de aceite de oliva virgen extra, intenso, frutado, amargo, de la variedad Arbequina**
- 1⁄2 cebolla cortada en juliana muy tostada
- 1⁄2 manojo de cebollino picado
- Un chorrito de salsa *Perrins*
- Sal fina al gusto

Además:

- 1 cigala pelada y sin tripa
- 1 hoja de acelga roja
- 1 raya de reducción de vinagre balsámico
- **Aceite de oliva virgen extra *Rihuelo*, elaborado con Arbequina de La Rioja**

Para la reducción de vinagre:

- 1 l de vino tinto
- 1⁄4 l de vinagre de vino blanco
- 50 cl de jerez *Tío Pepe*
- 100 g de azúcar

Para el ajo blanco:

- 300 g de almendras enteras
- 3⁄4 l de agua
- 600 g de aceite de girasol
- 2 dientes de ajo sin germen
- 3 rebanadas de pan frito
- Sal y vinagre de jerez
- 1 dl de aceite de oliva virgen

Elaboración

Para el tartar: mezclar todos los ingredientes, dejar reposar y enfriar durante 2 h.

Para el ajo blanco: triturar todos los ingredientes en la *Thermomix* y colarlos por la estameña.

Para la reducción de vinagre: cocer todos los ingredientes para que se reduzcan hasta alcanzar el punto deseado y reservarlos en un biberón.

Presentación

Colocar una *quenelle* de tartar en el centro de un plato sopero o bandeja y, sobre éste, situar la cigala con sal Maldon, el cebollino picado, la raya de reducción y la hojita de acelga roja. Servir el ajo blanco al final, alrededor del plato.

209

Restaurante Arzak

San Sebastián, **País Vasco**
Jefe de cocina: **Juan Mari Arzak**

Licuado de calabaza, aceite de oliva y cigalas

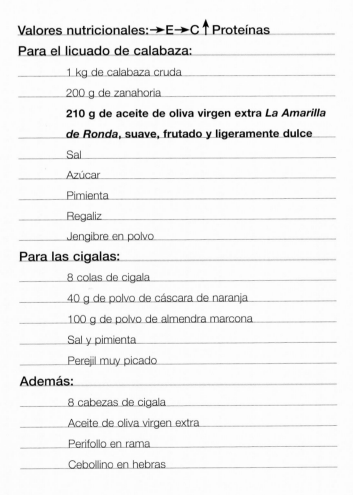

Valores nutricionales: →E→C↑Proteínas

Para el licuado de calabaza:

1 kg de calabaza cruda

200 g de zanahoria

210 g de aceite de oliva virgen extra *La Amarilla de Ronda*, suave, frutado y ligeramente dulce

Sal

Azúcar

Pimienta

Regaliz

Jengibre en polvo

Para las cigalas:

8 colas de cigala

40 g de polvo de cáscara de naranja

100 g de polvo de almendra marcona

Sal y pimienta

Perejil muy picado

Además:

8 cabezas de cigala

Aceite de oliva virgen extra

Perifollo en rama

Cebollino en hebras

Elaboración

Para el licuado de calabaza: pelar la calabaza y la zanahoria y cortarla en trozos pequeños para poder pasarla por una máquina licuadora. Una vez conseguido el caldo, hervirlo durante 1 min., añadir los demás ingredientes y montarlo con el aceite de oliva con la ayuda de una *Thermomix*. Reservar hasta el momento de servir (deberá quedar una textura líquida muy ligera).

Para las cigalas: elaborar primero un polvo de cáscara de naranja dejando secar cáscaras de naranja sin ninguna parte blanca, sólo la corteza, en una máquina deshidratadora. Pasadas por lo menos 48 h, triturar a conciencia hasta formar una textura de polvo seco. Elaborar una mezcla con los restantes ingredientes, rebozar con ésta las colas de cigala y reservar.

Presentación

Manchar cada uno de los fondos del plato con el interior crudo de las cabezas de cigalas. Encima, depositar dos cigalas que se habrán frito levemente en aceite de oliva. Alrededor disponer el licuado de calabaza caliente, recién emulsionado en la *Thermomix*. Decorar con unas gotas de aceite de oliva virgen extra, perifollo y cebollino.

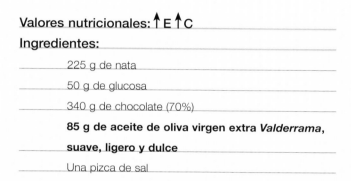

Restaurante Arzak

San Sebastián, **País Vasco**
Jefe de cocina: **Juan Mari Arzak**

Trufas de chocolate
y aceite de oliva

Valores nutricionales: ↑E ↑C

Ingredientes:

225 g de nata

50 g de glucosa

340 g de chocolate (70%)

85 g de aceite de oliva virgen extra *Valderrama*,

suave, ligero y dulce

Una pizca de sal

Elaboración

Picar el chocolate con la ayuda de un cuchillo.

Con el chocolate picado sobre un bol, ir añadiendo poco a poco la mezcla de nata y glucosa (hervidas previamente) según va absorbiendo el conjunto. En el último momento, añadir el aceite de oliva virgen hasta conseguir una mezcla lo más homogénea posible y sazonar ligeramente.

Dejar enfriar hasta que se endurezca y, posteriormente, dar forma a la trufa.

Presentación

Presentar la trufa de chocolate metida en un recipiente cubierto de aceite de oliva.

Restaurante Martín Berasategui

Lasarte-Oria (Guipúzcoa), **País Vasco**
Jefe de cocina: **Martín Berasategui**

Vieiras marinadas con hígado de rape y helado de aceite de oliva virgen extra *Artajo*

Valores nutricionales: ➜E↑C↑Proteínas

Para la vinagreta del *carpaccio* de vieiras:

15 g de mezcla de jengibre*

25 g de aceite de sésamo

10 g de salsa de soja

10 g de vinagre balsámico

Para la mezcla de jengibre*:

150 g de jengibre (pelado)

300 g de aceite de oliva virgen extra *Artajo* (Loma del Prior), suave, frutado, de la variedad Arbequina

Para el hígado de rape:

1 hígado de rape

Aceite de oliva virgen extra

Sal Maldon

Para el helado de aceite de oliva virgen extra *Artajo*:

500 cl de agua

500 g de azúcar

(250 g de azúcar normal + 250 g de azúcar Isomalt)

280 g de aceite de oliva virgen extra *Artajo*, suave, frutado, de la variedad Arbequina

110 g de queso fresco

Para la cama de puerro trufado:

500 g de puerro joven en juliana

2 cs de grasa de pato, 150 g de tocineta

80 g de nata líquida, 200 g de trufa, sal fina

Para las vieiras:

1 ó 2 vieiras por persona

Además:

Sal Maldon, cebollino picado, chalota picada

Éste es un aceite navarro en el que destacan la variedad con la que se hace (Arbequina) y el concepto, muy gastronómico, muy al estilo siciliano. Logran una oliva virgen verde, extraordinariamente aromático y afrutado, oliendo y sabiendo a aceituna, con notas vegetales a hortalizas, enriquecedoras, que recuerdan a la alcachofa y a las hojas de tomate. En boca sobresale su elegancia, su equilibrio, plasmando una aceitosidad delicada y un final suavemente picante, con un cuerpo medio para su importancia.

Elaboración

Para la vinagreta del carpaccio de vieiras: mezclar todos los ingredientes y guardarlos en un frasco.

Para la mezcla de jengibre: meter el jengibre y el aceite en la batidora y ponerlo a tope durante 3 min. Luego, guardarlo en un frasco en el frigorífico.

Para el hígado de rape: meter el hígado de rape (recién comprado) en agua con hielo durante 3 h para que se desangre. Luego, sacarlo del agua y dejarlo en una bandeja tapado con *film*. Cortar rectángulos de 4 cm x 2 cm y marcarlos en una sartén antiadherente bien caliente por ambos lados, debiendo quedar dorados y el hígado caliente (pero crudo por el centro). Espolvorear con un poco de sal Maldon.

Para el helado de aceite de oliva virgen extra Artajo: mezclar el agua con el azúcar en un cazo y poner a fuego fuerte hasta que hierva 1 1/2 min. Una vez hecho el almíbar, enfriar en un baño frío hasta que adquiera temperatura ambiente. Verter poco a poco el aceite en forma de hilo sobre el almíbar removiendo con la varilla. Por último, añadir el queso y montar con batidora hasta conseguir una masa homogénea. Es importante, a la hora de turbinar el helado, ir cambiando el modo de funcionamiento de la sorbetera de "turbinar" a "expulsar" y viceversa (además de sacarlo con lengua abriendo la puerta de la máquina; de lo contrario, el sorbete se cortaría).

Para la cama de puerro trufado: poner la grasa de pato en una cacerola a fuego vivo, añadir el puerro, salpimentar, cocer durante 10 min. removiendo sin parar y reservar. Sacar la tocineta del frigorífico y cortarla en dados minúsculos. Incorporar la trufa picada y el puerro y calentar la mezcla a fuego lento durante 30 seg.; entonces, agregar la tocineta y pimentar (mezclando sin parar durante 1 min.). Revisar la sazón, incorporar la nata y cocer 1 min. más removiendo.

Para las vieiras: tener reservadas dos vieiras (bien frescas y de buen tamaño) en el congelador para que se puedan cortar en la "charcutera" con facilidad.

Presentación

Colocar en un plato de cristal las láminas de vieira cortadas en la "charcutera" (nº 1,5). Dejar libre justamente el centro del plato. Sazonar las vieiras con sal Maldon, cebollino picado y chalota picada; seguidamente, untar con un pincel las vieiras con la vinagreta preparada. En el hueco del centro, poner una pequeña cantidad de puerro trufado y, sobre éste, el hígado de rape.

A un lado y encima de las vieiras disponer 1 ct muy pequeña de helado de aceite. Colocar sobre el helado una escama de sal, un poco de pimienta recién molida y una gota de aceite de oliva virgen extra *Artajo* y servir.

Desde 1962 importa aceites de semillas para su consumo interior, lo que proporciona un aceite barato para las economías más débiles, y mantiene una corriente exportadora de aceite de oliva con la que el país obtiene divisas. De esta forma, el consumo del primer al último cuatrienio del período ha disminuido de 57,6 a 38,1 millones de kg; asimismo, la exportación se ha reducido de 136,5 a sólo 88,1 millones de kg.

El **quinto productor mundial, SIRIA**, ha tenido un desarrollo extraordinario en los últimos años, de forma que ha pasado, del primer al último cuatrienio, de 69,0 a 130,0 millones de kg de cosecha media, lo que le ha permitido empezar a exportar (ha pasado de no exportar nada a promedios anuales de 27,7 millones de kg), y todo ello con un simultáneo aumento de su consumo interior que ha pasado de 66,0 a 118,6 millones de kg/año.

En **TURQUÍA, sexto productor mundial**, la producción ha experimentado un gran aumento habiendo pasado, del principio al final del período de referencia, de 61,0 a 107,2 millones de kg.

El cultivo del olivo tradicionalmente se ha practicado con frecuencia en suelos poco profundos y escarpados, situados en zonas secas. Por otra parte, en general la edad de los árboles y las modalidades de cultivo, con sistemas de producción tradicionales, determinan que la productividad sea baja. La superficie de olivar, que era de 857 000 ha en 1989/90 bajó a 658 000 ha en 1997/98. Entre sus muchas variedades destacan la Sam y la Girit.

El consumo turco ha variado poco entre el principio y el final del período considerado. Ha pasado de 52,2 a 53,7 millones de kg/año de promedio. Por el contrario, la exportación sí ha aumentado significativamente ya que ha pasado de 8,7 a 53,5 millones de kg/año, como media, del principio al final del período.

MARRUECOS, séptimo productor mundial, ha aumentado su producción en el período de 41,0 a 63,7 millones de kg/año, con moderados pero paralelos aumentos de su consumo interior, que se ha elevado de 42,9 a 60,0 millones de kg/año y de su exportación, que ha pasado de 1,7 a 7,9 millones de kg/año.

Otros países, como **Argelia, Jordania, Palestina, Israel, Estados Unidos, Chile** o **Argentina** amplían, pero no completan, la relación de productores que, si bien está muy concentrada en la cuenca Mediterránea (dado el interés creciente hacia el olivo y su producto), está alcanzado a todas aquellas áreas en las que las condiciones permiten el cultivo.

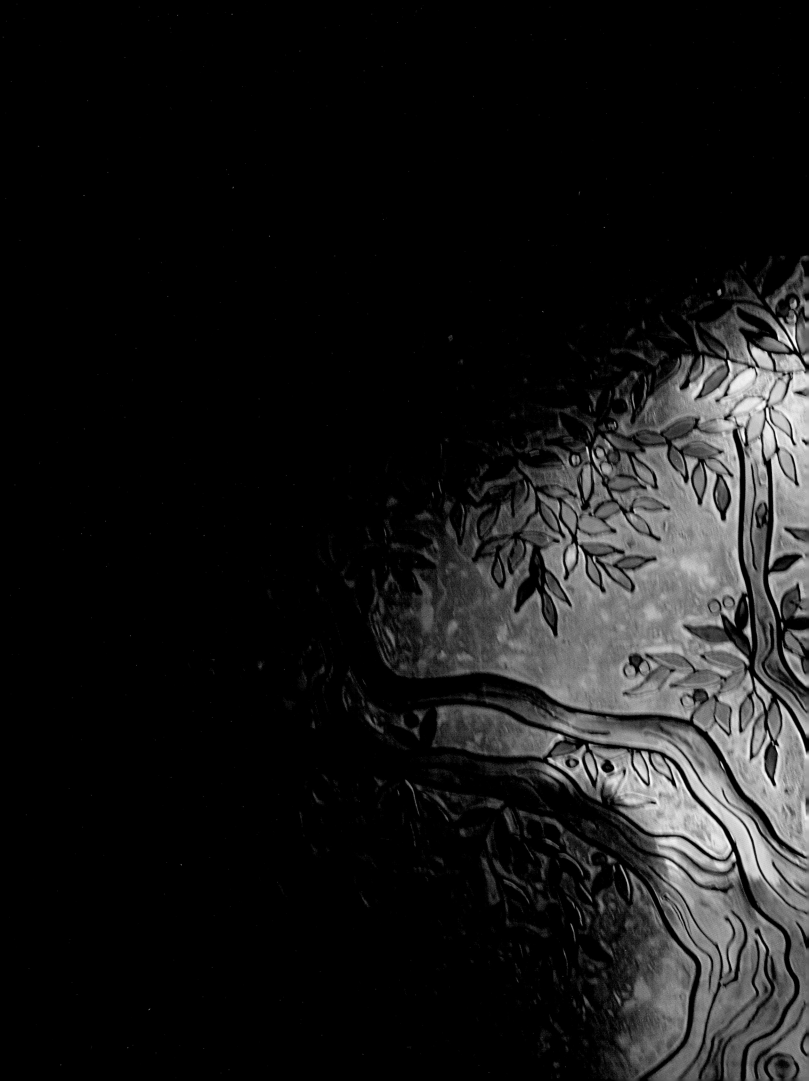

Combustible, cosmético, medicamento, alimento, grasa y condimento

Anexo 2 Usos históricos del aceite

Ismael Díaz Yubero

Las leyendas son consecuencia de la utilidad de los productos, de tal forma que, una vez descubiertas sus aplicaciones, se los ensalza convenientemente como compensación a los servicios prestados. Pero un punto más allá de las leyendas está la utilización ritual del producto y su uso como signo.

El olivo y el jugo de sus frutos han alcanzado un nivel considerable y son muchas las leyendas que consagran la utilidad del árbol, muchos los usos rituales y mayor todavía la simbología en la que está presente. Lourdes March y Alicia Ríos dicen que simboliza la **inmortalidad**, porque vive, fructifica y se renueva desde hace miles de años. También reseñan que es símbolo de la **paz y** la **reconciliación** y que Noé lo convirtió en signo de **alianza** entre la Naturaleza y el hombre y fue también camino de esperanza cuando los atenienses, después de que Jerjes incendiara la Acrópolis, entraron de nuevo en la ciudad y sólo encontraron ruinas, pero el olivo sagrado del templo de Erecteion había crecido. Desde entonces, fue el modelo de la ilusión del pueblo de Atenas por renovarse y finalmente es símbolo de **fuerza** (según dicen, por la dureza de su madera), aunque tampoco está mal aplicar este significado a la fortaleza que se necesita para sobrevivir y dar fruto en los terrenos pedregosos y secos en los que se desarrolla este árbol.

Las autoras mencionadas dicen del aceite que: *"tiene una propiedades reales: nutre, suaviza, permanece, conserva, aromatiza y es portador de aromas; impermeabiliza, brilla, es portador de luz y de calor, calma y pacifica, lubrifica, depura y limpia. A través de estas propiedades se le atribuye el ser símbolo de* **sabiduría**, *de* **luz**, *de* **inteligencia**, *de* **paz, bienestar, suavidad y luz interior"**. El árbol y el fruto son partícipes de atributos y virtudes reales y constatadas, que muchas veces reflejan su importancia en actuaciones mágicas, rituales, simbólicas y sagradas.

Hay muchos nexos de unión entre el aceite y la civilización, porque pronto se descubrieron sus cualidades como **embellecedor y tonificador de la piel y el cabello**, su utilización como **medicamento**, como **vehículo y potenciador de otros principios farmacológicos**, como **productor de luz**, de fácil manejo y estable, como **condimento y alimento** y como **elemento sagrado**.

Lo más importante no es que haya sido todas esas cosas, sino que lo ha sido en todas las culturas y religiones que lo han conocido y, sobre todo, que todas estas aplicaciones siguen estando vigentes desde que se tiene referencia de ellas, hace unos 5 000 años.

243

No se ha cantado lo suficiente una particularidad del olivo que, sin duda, marca su utilidad y es la escasa atención que necesita para dar fruto, lo generoso que es con el hombre (¡lo que agradece Virgilio en *Las Geórgicas* cuando compara los grandes cuidados que necesita el cereal y lo sobrio que es el olivo!) y, posiblemente por eso, griegos y romanos utilizaron el olivo como planta colonizadora, lo convirtieron en programa de civilización y cultura y, todavía hoy, sigue teniendo múltiples significados en estos campos y, por si fuese poco, hunde sus profundas raíces en la política y se elige como nombre y emblema de un partido.

El significado sagrado

Si para los griegos el origen del olivo fue creación de una diosa, es lógico que el árbol y sus frutos estén presentes en los actos religiosos. En las ceremonias mortuorias se procuraba proporcionar al difunto los bienes

trado en vasos decorados ("lequitos") con pasajes de la vida del fallecido y, además, formando parte de ungüentos que se utilizaron para maquillar y conservar el cadáver, o en pequeñas vasijas como componente de afeites y perfumes. La unción no fue exclusividad griega, porque ya antes egipcios, babilonios y cananeos la habían utilizado con la voluntad de santificar a los muertos, y aún hoy día, como vestigio de estas prácticas, la religión católica sigue practicando, sacramentalmente, la unción con óleos.

En el *Corán* hay preciosas referencias al aceite y al olivo, a los que se les da un importante significado religioso y una prioridad indirecta, igual que en la religión judía, como grasa comestible, al prohibir el consumo de cerdo. En el catolicismo hay múltiples referencias a la utilización de esta grasa, como la delimitación que se hizo en el calendario en el Concilio de Trento, en la que se clasificaban los días casi por igual entre magros y grasos, en los que estaban permitidos la manteca y el tocino.

que había valorado en vida para que el tránsito fuese agradable y pudiera disfrutar de ellos en el más allá. Por ello, se han encontrado vestigios de muy diferentes alimentos, pero sólo hay uno que duplica su protagonismo y es, precisamente, el aceite de oliva, que se ha encon-

También hubo normas, como la que obligaba la distribución del aceite que se bendecía el Jueves Santo entre las iglesias de la parroquia, con la exigencia de que siempre estuviese iluminando el altar y de que se administrase bien para que durase todo el año. Algunas costumbres, que estuvieron muy extendidas, permanecen aún, como la de proteger los sembrados clavando en ellos una de las ramas de olivo que se bendijeron el Domingo de Ramos.

Como combustible

Las primeras lámparas de aceite que se conocen son fenicias. Eran pequeñas, apenas tenían capacidad para unos centímetros y, si la mecha no fallaba, tenían autonomía para 1 ó 2 horas. Las hay de cerámica y de bronce, para colocar sobre una superficie plana o para colgar de la pared. Los egipcios introdujeron sal en el aceite, lo eligieron mejor, de más calidad, para utilizar en las lámparas sagradas, para hacer más generosa la ofrenda y observaron que la llama era más amarilla y más luminosa. Los griegos generalizaron su uso y cuando se acudía invitado a un "simposium" (que era como se llamaban entonces los banquetes), cada uno llevaba su lámpara y se esforzaban por ser propietarios de la que más iluminaba, la que tenía más puntos de luz y la mejor adornada. Tener lámpara portátil daba prestigio, la gente se fijaba en el detalle y de Aristóteles, muy aficionado a pasear por las noches atenienses, se decía que "olía a candil".

Cuenta una leyenda que el dios Cupido enamoró, y seguro que lo sabía hacer mejor que nadie, a la mortal Psiquis. Puso una condición a su pareja, que consistía en la prohibición de que Psiquis viese el rostro del dios. Una noche la dama no pudo aguantar más y, aprovechando que él dormía, encendió un candil y quedó tan impresionada por su belleza que le tembló la mano y unas gotas de aceite cayeron sobre el hombro. Cupido se enfadó, pero los encantos de su amada debían ser tantos que la convirtió en diosa y levantó la prohibición.

El *Corán* hace una referencia muy bonita al aceite y compara su luz nada menos que con Alá, del que dice que *"su luz es a semejanza de una hornacina en la que haya una candileja"*. Los judíos dieron a los candelabros

un significado especial, lo que hizo que los hubiese muy distintos para utilizarlos en cada una de las fiestas. La diferencia principal está en el número de brazos y, entre ellos, merecen destacarse el de siete brazos el "manorah" y el "kanukiah" de ocho, que era obligado encender en las fiestas de la Innovación que se celebraron durante la diáspora, y que adquirió connotaciones de liberación nacional cuando los judíos regresaron a Israel en el siglo XIX.

En los *Libros Sagrados* hay muchas referencias al aceite de oliva y se dan algunas normas sobre su uso como elemento de culto o sobre la forma de utilizarlo y administrar en las iglesias y se refleja en parábolas con alusiones especiales (como las que se desprenden del uso que de él hacían las vírgenes sabias y las vírgenes necias).

Las lámparas de aceite estaban tan extendidas que su aparición es casi obligada en cualquier excavación hecha en el área mediterránea. Hay auténticas maravillas elaboradas con diversos materiales, entre los que predominaban la cerámica y el bronce, y más tardíamente con aleaciones de diversos metales, incluso nobles, con grabados y dibujos preciosos porque, en el fondo, durante mucho tiempo fueron un importante objeto en los hogares, en los lugares públicos (los teatros se iluminaban con candilejas), en los sagrados y en las manifestaciones nocturnas al aire libre. Su uso se prolongó en el tiempo y hay referencias a lámparas, candiles y candelabros desde la literatura española más antigua a la del "Siglo de Oro", la del Renacimiento, la de los costumbristas y hasta la de la generación del 98, que aluden a ellas no como figuras más o menos rebuscadas, sino como utensilios usados a diario. También en la pintura hay muestras de candiles, unas veces en escenas y otras en bodegones, porque la realidad es que la lámpara de aceite ha sido un medio de iluminación relativamente reciente en toda la cuenca Mediterránea, aun cuando la electricidad, a mediados del siglo XX, ya estaba instalada y era de uso normal (pero con frecuentes restricciones y apagones, y todavía quedaban núcleos de población a los que no les había llegado). El aceite lampante no se refinaba; su principal utilidad era cumplir el destino que se le adjudicaba al salir de la almazara.

Como cosmético

Los egipcios, que fueron muy cuidadosos con su higiene personal, para poder quitar las impurezas de la piel utilizaban arcilla y, en algunos casos, cenizas, pero el problema es que actuaban llevándose por delante una parte de la capa protectora (y hasta la epidermis). Aplicar a continuación aceite era una práctica muy reconfortante que constituyó un simple, pero eficaz, bálsamo.

Los efectos positivos del aceite para esta función residen en proteger la piel frente a factores ambientales externos y en facilitar una más rápida regeneración de las células al actuar como emoliente, debido a su composición en ácidos grasos y sobre todo en oleico, que es

un constituyente de las membranas celulares. Más tarde, se procedió a la aromatización de los ungüentos, que según los componentes llegaron a ser un auténtico lujo, con especialidades para las distintas pieles, para las distintas partes del cuerpo y para los diferentes momentos. Hierbas aromáticas, mirra, azafrán o esencia destilada de flores fueron mezcladas con aceite de oliva, se hicieron pastas, cremas y emulsiones con grasa de lana, cera de abejas, agua de lluvia o destilada y con alcohol. En papiros egipcios, en tablillas micénicas, en tumbas de Tebas, en murales de Pompeya y en variados documentos griegos, romanos y árabes se han encontrado dibujos, gráficos, pinturas, recetas, consejos, alabanzas y agradecimientos a los "aceites de vida", capaces de rejuvenecer el cuerpo y el espíritu regenerando las células y dando elasticidad a los músculos.

Su uso se extendía a muchas y variadas actividades y, en todos los casos, su función era suavizar la piel y tonificarla. En la higiene, en el deporte, en la guerra y en el amor... el aceite estaba presente a disposición de los atletas a los que protegía del sol, del calor y las caídas, de los gladiadores a los que les permitía tener el cuerpo más resbaladizo y flexible, o simplemente de los presumidos que se valían de tan preciosa ayuda en la consecución de sus fines. Los mejores productos se reciclaban y hay una referencia de Plinio quejándose de la cantidad de sextercios que era necesario pagar para hacerse con las raspaduras de aceite y sudor de los atletas, conseguidas con el uso de un instrumento especial llamado "estrigilo". El ungüento reciclado tenía su utilidad como emplasto y emoliente. La industria de los ungüentos, bálsamos y perfumes prosperó. En algunos casos se utilizaron hasta 22 esencias diferentes y, según Lourdes March y Alicia Ríos, en el año 2700 a. de C. los mayores centros de producción de aromas estaban en Grecia, desde allí se propagaron a la Península Itálica y los etruscos se convirtieron en usuarios primero y elaboradores después de tan apreciados productos.

Más tarde, en el siglo VII, en la ciudad italiana de Savona, se inventó el jabón utilizando aceite de oliva, porque hasta entonces la limpieza se hacía con emplastos en los que las cenizas de madera jugaban, junto con arenas muy finas, un importante papel, y ese jabón se ha seguido fabricando en las regiones olivareras hasta hace muy pocos años, e incluso en estos momentos hay tiendas especializadas en la venta de jabones hechos artesanalmente con aceite de oliva y sosa.

Han pasado muchos años, pero el aceite de oliva sigue teniendo su utilidad en la elaboración de prestigiosos productos de belleza. Hoy, con aceite de oliva, pueden encontrarse mascarillas, cremas hidratantes, exfoliantes, preparados para conseguir paliar el efecto de las arrugas, para que las pestañas se refuercen, para suavizar las manos o para diversos tratamientos capilares... y hasta sistemas integrados de belleza que se asientan en una moderna forma de cuidar el cuerpo: la oleoterapia.

Como alimento y condimento

Originariamente no fue su principal aplicación, porque su uso tenía demasiada competencia y tuvieron prioridad las grasas de origen animal, pero en algún momento y en cada una de las culturas mediterráneas (aisladamente o por imitación) se descubrieron sus virtudes culinarias. En las primeras recetas que se conocen de cada región está presente el aceite de oliva, aunque en principio, y es una constante, se utilizaba como condimento, es decir en pequeñas cantidades, tanto por su precio como por un cierto respeto hacia sus aplicaciones sagradas. Después llegó el momento en el que se percataron de las virtudes de este producto, lo que unido a la prohibición por algunas religiones de consumir carne de cerdo, hizo que el aceite de oliva fuese la grasa más importante del Mediterráneo.

Los griegos fueron muy dados a su utilización, especialmente para hacer salsas (a las que hace alusión Arquestrato) y con aceite de oliva hicieron la "salsa blanca",

que era una emulsión utilizable en todo tipo de platos. Los atenienses introdujeron huevo y crearon la "salsa amarilla", en la que algunos han visto un antecedente de la salsa mahonesa. Los etruscos lo aromatizaron con hierbas y especias, y los romanos desarrollaron una interesante cocina con el aceite, porque se distinguieron calidades y variedades en los destinados a usos alimentarios, que si bien en principio no eran los mejores (porque sólo el de tercer prensado era denominado "aceite cibario") más tarde los gustos se refinaron y aparecieron el "aceite de acerbo" (que se hacía con aceitunas blancas recogidas a finales de octubre), el "aceite verde" (hecho con aceitunas maduras) y el "aceite dorado" (elaborado con frutos sobremaduros). También diferenciaban los aceites por el número de veces que se prensaba la pasta (*flos, sequens*, etc.), lo que era necesario para extraer bien tan preciado jugo.

Aunque se conoce su afición a la comida, no se sabe ciertamente quién fue Apicio, ni si él fue el autor del libro que lleva su nombre (parece que no, porque se le data muchos años después de que muriese, en siglo IV d. de C. y se sospecha que fue una recopilación de recetas antiguas), pero la realidad es que en la obra aparece frecuentemente el aceite de oliva en múltiples recetas, recogidas por Almudena Villegas en su obra *"Aceite de oliva y cocina antigua. La cocina de Apicio en Roma"*. De la cocina árabe hay importantes testimonios antiguos procedentes de muy diversos países, pero merecen la pena destacarse los escritos de los españoles Ibn-Al-Jatib, nacido en Loja en 1313 y Al Arbuli, almeriense, que escribió un interesante *"Tratado nazarí sobre alimentos"*. Los dos son nexos de unión entre las sugerencias culinarias de Averroes, que ya recomendaba el aceite de oliva para freír los huevos y las opiniones de los mejores cocineros españoles e italianos, que cantan las virtudes de este aceite y han convencido a los artistas de los fogones de todo el mundo de que, además de ser la grasa de la dieta Mediterránea, es la más sabrosa, la más natural, la más digestiva y la más sana de todas las grasas.

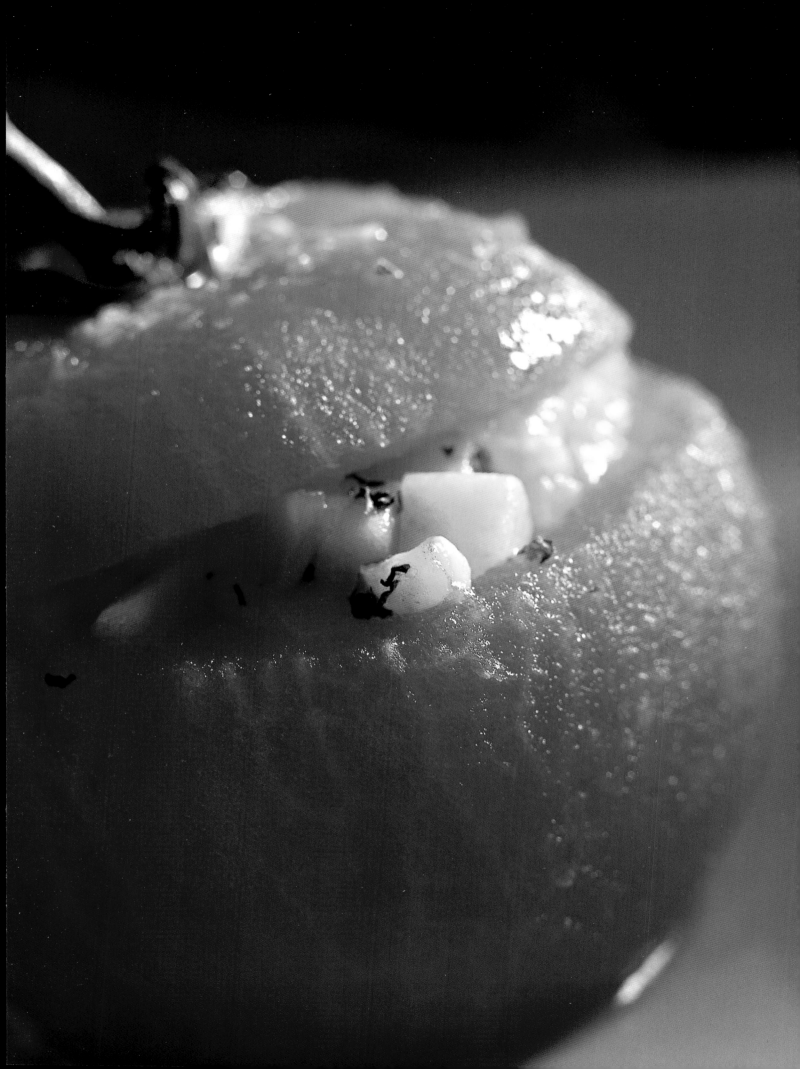

... Y como medicamento

Bálsamos, ungüentos, emplastos, linimentos y cataplasmas fueron remedio para quemaduras, durezas de la piel, otitis, heridas, torceduras y luxaciones, en cuya composición era obligada la presencia del aceite de oliva.

No faltó tampoco en purgas, lavativas y eméticos y, mezclado con hierbas, aloe, mirra, extractos variados o con productos secretos de fórmulas magistrales, fue componente de pócimas que tenían como fin curar casi todos los males del cuerpo y del espíritu.

Con aceite se abría el apetito, se facilitaba el funcionamiento del hígado y de la vesícula biliar (sigue siendo considerado un magnífico colagogo y colerético), y hace muchos que se utilizaba para defenderse del infarto de miocardio, tantos como los que hace que se empleaban las hojas del olivo en infecciones ginecológicas. Como curiosidad una receta de Trotula de Ruggiero, de Salerno, explicada en el libro *"De mulieribus passionibus"*, publicado en el siglo XI: *"Prolapso de útero por desproporción de la verga viril: sucede que algunas mujeres no pueden soportar un miembro viril demasiado largo y grueso, pero lo soportan, y el útero se sale de su sitio y se endurece. El remedio es éste: se moja un paño con aceite de oliva y se le aplica a la vulva. El útero se retrae rápidamente, pero hay que tener cuidado con cualquier motivo que provoque tos"*.

Hoy el aceite de oliva sigue siendo excipiente y principio activo de contrastados medicamentos y, sobre todo, se le han descubierto propiedades positivas para el funcionamiento del sistema digestivo, del cardiovascular en la prevención de la aterosclerosis y trombosis, en el metabolismo de los hidratos de carbono, en la prevención y tratamiento del cáncer, en el sistema inmunitario, en el metabolismo de los huesos, en la absorción de minerales, en problemas dérmicos y en la regulación de los procesos celulares oxidativos.

Limpieza y clasificación de las aceitunas

La recepción, la limpieza y el lavado

En los patios de almazara se recepciona la aceituna **clasificándola** en diferentes grupos **por su grado de suciedad (vuelo y suelo) y estado sanitario**. Asimismo, se puede separar por variedades y, a inicios de campaña, por su grado de madurez.

La clasificación implica que cada grupo siga circuitos independientes de elaboración para diferenciar las distintas calidades.

Toda la aceituna pasa a las **limpiadoras**, eliminando hojas, otras impurezas ligeras (por contracorriente de aire) y otras materias no deseadas (como piedras o tierras) por cribas, rodillos o sistemas que facilitan la separación de la aceituna.

En las **lavadoras**, la aceituna sucia se pone en contacto con el agua para eliminar la tierra adherida. En función de las disponibilidades de agua y el grado de suciedad de la aceituna, el agua debe sustituirse periódicamente para evitar que la aceituna menos sucia pueda salir del lavado con más suciedad de la que entró.

La aceituna limpia, en su caso lavada y escurrida, se almacena en tolvas para proceder a su molienda inmediata (priorizando la molturación de la aceituna limpia, sana y en las mejores condiciones para producir aceites de calidad).

Asociado directamente a los procesos de producción, no podemos olvidarnos de la gestión y seguimiento documental que supone la identificación de proveedores, cantidades, fincas y parcelas de procedencia de la aceituna, etc., todo ello con el fin de asegurarnos la trazabilidad de los productos y procesos.

La molienda

Para extraer el aceite que se encuentra en gotas microscópicas en las vacuolas de las células del mesocarpio hay que romper las mismas y, para ello, se efectúa inicialmente la molienda. En el proceso, se liberan y se unen las gotas formando otras más grandes (coalescencia), a la vez que se fragmentan los huesos y se reduce la pulpa formando una masa o pasta de aceituna.

La molienda puede realizarse con distintos procedimientos:

- **Empiedros de rulos troncocónicos**, en algunos casos cilíndricos, constituidos por muelas de piedra silícea que, al girar sobre una solera circular, producen el dilacerado de los frutos que entran por el eje del moledero. La pasta sale al alfarje (canal que rodea la solera) y con una paleta se conduce al siguiente proceso.
- **Molinos metálicos**, bien de martillos o discos dentados rodeados por una criba, o bien cilindros estriados que giran en sentido contrario.

En cualquier caso, se trata de conseguir un buen grado de molienda y uniformidad de la pasta, controlando la velocidad de los molinos y el tamaño de los orificios de las cribas o el tiempo de permanencia en el empiedro, al tiempo que debe evitarse la incorporación de impurezas y el calentamiento de la masa, y reducir la superficie y el tiempo de contacto con el aire.

El batido

Con el batido se consigue que las gotas de aceite se unan formando una fase líquida oleosa.

Las batidoras disponen de un sistema de calefacción para minorar la viscosidad del aceite, no debiendo superarse temperaturas de 30-35 ºC en la pasta (menores de 27 ºC si el aceite producido se quiere etiquetar como "obtenido en frío") y unas paletas, cuya velocidad debe ser mínima para evitar las emulsiones (15 a 20 r.p.m.).

El tiempo de batido debe ser proporcional al tipo de pasta a tratar. Se entiende por pastas difíciles aquéllas en las que se dificulta la extracción del aceite. En algunos casos, obedece a características varietales (Hojiblanca y Picual), en otros a que la aceituna no ha alcanzado el grado de madurez necesario, o a molturaciones demasiado finas.

En ocasiones, para disgregar los distintos componentes y extractar el aceite, es necesario añadir microtalco natural al inicio del batido, mejorando la textura de la pasta sin que afecte a las características de los aceites.

En la actualidad, las batidoras más utilizadas son las de eje horizontal y de varios cuerpos.

La separación de fases

Obtenida y preparada la pasta de aceituna, existen dos sistemas para separar los componentes líquidos (aceite y aguas de vegetación o de proceso, conocidas como alpechines o "jamilas") de los componentes sólidos (restos de pulpa y hueso): la presión o la centrifugación.

- **Sistema de prensas o tradicional:** hasta la década de los años 70 del pasado siglo, el procedimiento más utilizado para extraer el aceite y separar la fase sólida ha sido la presión.

  En tiempos remotos, la presión se realizaba pisando directamente la aceituna o comprimiéndola en sacos para extraer el aceite, y posteriormente con distintos tipos de prensas, accionadas manual e hidráulicamente.

  La pasta de aceituna se distribuye uniformemente sobre los "capachos" sobre la vagoneta de la prensa. Estos discos (con orificio central y reborde doblado para contener la pasta, inicialmente de esparto y hoy demandados para otros fines meramente decorativos) se han sustituido por otras fibras naturales (como la de coco) o sintéticas (como el polietileno) como material filtrante. Uno sobre otro y separados por 5 u 8 kg de pasta (en función del diámetro del capacho y sin extender hasta el borde) se asientan en la vagoneta y, guiados por una aguja central, hueca y perforada, forman lo que se denomina un "cargo".

Desde que comienza a formarse el cargo, el mosto oleoso empieza a escurrir por el centro y por los bordes de los capachos, siendo éste el de más riqueza en aceite y de mejor calidad. Al incrementarse la presión, la proporción de aceite y su calidad disminuye. Después del primer prensado, se baja ligeramente el cargo para que se liberen y reconstruyan los canales de filtración entre capachos y pasta, volviendo a prensar y añadiendo agua templada para facilitar la salida del aceite. El

Capachos de esparto

La vagoneta cargada se traslada sobre raíles y se sitúa sobre el émbolo de la prensa, donde se le somete a la operación de prensada, produciéndose la salida de líquidos y reteniéndose sobre el capacho la "galleta" o pasta de orujo sólida.

Dado que las prensas suelen tener una altura útil de unos 2 m entre la vagoneta y el puente superior, en cada cargo se procesan unos 900 kg de masa.

tiempo en realizar un cargo puede variar entre 60 y 90 minutos.

En algunos casos, cuando se paralizan las entradas de aceituna por condiciones meteorológicas adversas, si la aceituna escasea o está finalizando la campaña, se puede someter el cargo a varias prensadas e incluso remoler las galletas, añadir agua caliente y volver a prensar para agotar el contenido graso de los orujos.

Dado que en las distintas fases del prensado se están obteniendo productos de diferente calidad y riqueza grasa, su procesado posterior se debería realizar por conductos independientes, en función de los medios y disponibilidades de la almazara.

La mecánica operativa del proceso ha dado lugar a determinadas expresiones y al etiquetado de algunos aceites con expresiones del tipo "aceite de primera presión".

Los capachos después de varios usos acumulan restos sólidos, que podrían transmitir al aceite malos

del alpechín y, por gravedad, el aceite sobrenadará en el alpechín. Para ello, se distribuyen distintas líneas de "pozuelos", comunicados entre sí mediante sifones a diferentes alturas para facilitar la separación. La capacidad de cada pozuelo varía de 1 500 a 4 000 l en función de su cometido: separador, lavador, aclarador, de reposo o clarificador del aceite y los correspondientes para el alpechín que sale del separador. El paso del aceite se realiza por la parte superior, enviándolo a la intermedia del pozuelo siguiente. En el caso del alpechín, los

Prensas

sabores e incrementar su acidez, por lo que deben limpiarse y lavarse cada 2 ó 3 días.

La fase líquida obtenida por prensas contiene "finos", pequeñas materias sólidas que se eliminan previamente por tamices vibratorios, para así facilitar la separación de líquidos y evitar fermentaciones.

La separación de aceite y alpechín se realiza por decantación, la densidad del aceite es inferior a la

sifones toman de la parte inferior y lo envían a la superior del pozuelo siguiente en la dirección opuesta a la que circula el aceite.

La mano de obra necesaria para la formación de los cargos, el tiempo empleado en cada prensada, la necesidad de limpiar regularmente los capachos y la aparición de nuevos sistemas han ido relegando este sistema de extracción. En la actualidad, el número de almazaras tradicionales es inferior a 250 (15%) y producen alrededor del 1% de la cosecha, al tratarse de almazaras de escasa capacidad.

- **Sistemas continuos:** los componentes de la pasta de aceituna presentan densidades distintas: los orujos sólidos en torno a 1,2 g/cm^3, las aguas de vegetación en torno a 1,05 g/cm^3 y el aceite 0,915-0,916 g/cm^3.

Recordando algunos principios de física, la fuerza centrífuga tiende a separar un cuerpo pesado de su eje de rotación; esta fuerza se incrementa al aumentar el radio y la velocidad de giro, y es proporcional a la masa. En consecuencia, los componentes de la pasta de aceituna ocuparían anillos concéntricos al someterse al giro, orujo en la parte más exterior, aceite en la más próxima al eje y el alpechín entre ambos. Las primeras experiencias para la separación de aceites se remontan a finales del siglo XIX, debiendo esperar un siglo para su aprovechamiento industrial y en los años 80 se inicia la comercialización de los sistemas de extracción continuos, con la centrífuga horizontal o "decánter", que básicamente consiste en un rotor troncocónico en cuyo interior se encuentra un sinfín que gira en el mismo sentido y a menor velocidad que el rotor y los líquidos son desplazados por el sinfín en sentido contrario a los sólidos.

Inicialmente, la separación sólido-líquido se realizaba en el decánter o centrífuga horizontal de tres fases (o salidas).

La pasta que sale de la batidora entra directamente en el decánter, obteniéndose distintos productos de diferentes características:

- **El orujo** obtenido no es seco, como en el sistema de prensas, sino que presenta una humedad superior al 45% (al estar en contacto con el anillo de alpechín) y su contenido graso es bajo (dado que el aceite no está en contacto con el orujo).

- **El aceite** obtenido presenta un contenido en sólidos bajo, si bien sale sucio al estar en contacto con el alpechín.

- **El alpechín** contendrá fundamentalmente aguas de vegetación y aguas de proceso, con un contenido variable de orujos y aceite en función de las regulaciones del decánter.

Las limitaciones en las dimensiones del diámetro y en la velocidad de giro del decánter (3 000 a 4 000 r.p.m.), así como la escasa diferencia de densidades en los productos, hacen que la separación de fases no sea nítida y sea necesario añadir agua al proceso (1 l/kg de pasta) para fluidificar la masa y crear capas de líquidos de espesor suficiente para separar las fases.

En la salida de aceite se instala un tamiz para eliminar impurezas.

Para limpiar el aceite obtenido y agotar el alpechín se utilizan centrífugas verticales que permiten incrementar a 6 000-7 000 r.p.m. la velocidad de giro. En la centrífuga de aceite se incrementa el diámetro del diafragma para eliminar sólidos y agua. En la centrífuga del alpechín se reduce el diafragma para agotar el aceite y eliminar más impurezas.

En las centrífugas verticales también hay que añadir agua para que se formen los anillos. Su temperatura no debe sobrepasar los 30 ºC. Las centrífugas verticales y autolimpiables descargan automáticamente las "borras" sin necesidad de detener periódicamente la centrífuga para eliminar las impurezas o turbios que no se retuvieron en el tamiz.

El sistema de tres fases permanece en unas 165 almazaras, en las que se obtiene el 2,5% de la producción anual. Su corta implantación fue debido al alto consumo de agua y al consiguiente incremento del volumen de alpechines (el doble que en el sistema de prensas), así como a la rápida aparición de los decánter de dos fases.

Los aceites de oliva en la gastronomía del siglo XXI

El alpechín es un residuo muy contaminante y su vertido indiscriminado a los cauces públicos fue prohibido en los años 80, buscándose soluciones alternativas para su eliminación como el riego controlado, la depuración y, fundamentalmente, la acumulación en balsas de evaporación.

En el año 1992 aparecen los decánter o centrífugas horizontales de dos fases o salidas, que se generalizan rápidamente, siendo el sistema utilizado por más del 70% de las almazaras con actividad, superando el 90% de la producción total del aceite de oliva en España.

A este sistema se le denominó "ecológico", dado que no es necesario añadir agua, salvo que los frutos estén muy secos y, como su nombre indica, sólo lleva dos salidas, no produciendo alpechín al ir mezclado en la salida con el orujo.

La pasta procedente de la termobatidora se somete a la centrifugación obteniéndose por un lado el aceite sucio con cierta humedad y, por otro, una pasta conocida como alperujo -consistente en un orujo con un grado de humedad superior al 55% al contener las aguas de vegetación-.

En este sistema solamente es necesario disponer de una centrífuga vertical, añadiendo agua para arrastrar las impurezas y facilitar la separación de fases.

El aceite obtenido por cualquiera de los sistemas descritos, exclusivamente por medios físicos (como la presión, centrifugación y la filtración) lo hacen diferente a cualquier otro aceite vegetal al tratarse, en realidad, del zumo de una fruta: la aceituna.

El almacenamiento
y la conservación

Desgraciadamente, el aceite va perdiendo calidad desde que se extrae de la aceituna y contrariamente a lo que ocurre con el vino, no sólo no "gana" con el tiempo, sino que se deteriora con cada una de las manipulaciones y, finalmente, al cabo de un año o algo más (en función de la variedad), acaba perdiendo parte de sus cualidades organolépticas, enranciándose fundamentalmente, lo que no quiere decir ni mucho menos que no sea apto para el consumo.

La forma en que se conserva es fundamental para aumentar su duración, siendo la luz y la oxigenación los agentes que más alteran sus cualidades, por lo que el aceite de oliva debe conservarse en sitio oscuro y siempre tapado.

Al igual que en la recepción de la aceituna, se deben separar los frutos por calidades, el aceite obtenido debe seguir circuitos diferenciados de elaboración y, dado que a igualdad de condiciones del fruto se van a producir aceites de diferentes características según avanza la campaña de molturación, las almazaras disponen de un número variable de depósitos de almacenamiento que aseguran la diferenciación de calidades y la trazabilidad del producto, a efectos de conocer en cada momento de qué lotes de aceituna procede cada uno de los lotes de aceite producido.

La concentración de almazaras se ha acomodado a los nuevos sistemas de extracción requiriendo grandes inversiones, al adaptar su capacidad de elaboración para permitir la molturación en el momento de la recepción de la aceituna, eliminando las montañas de fruto pendiente de molturación, y mejorando de forma notable la calidad de los aceites obtenidos por lo que, independientemente del número y dimensión de los depósitos, la capacidad de las bodegas debe ser la suficiente para almacenar un producto que se elabora en 3 ó 4 meses y se comercializa a lo largo de todo el año.

Aunque los materiales utilizados para la construcción de depósitos son muy variados, como hormigón en trujales subterráneos, acero inoxidable, fibra de vidrio y poliéster, todos ellos deben garantizar que el aceite se proteja de la luz y se mantenga, en lo posible, a una temperatura constante, siendo impermeables e inertes de manera que no transmitan al aceite ningún olor ni sabor inconveniente.

De manera periódica deberá eliminarse la pequeña cantidad de impurezas que, con el paso del tiempo, se decantan y se depositan en el fondo, para evitar que contaminen y transfieran al aceite sabores indeseables. Por ello, los fondos de los depósitos deberán preverse de manera que puedan ser purgados periódicamente a través de superficies cónicas o inclinadas.

En las almazaras tradicionales siguen manteniéndose trujales subterráneos y depósitos aéreos de fondos planos que hacen necesario realizar trasiegos periódicos de los aceites, evitando en lo posible la aireación de los mismos.

En definitiva, se trata de retrasar en lo posible todo aquello que pueda potenciar la oxidación y alteración de los aceites, siendo fundamental la conservación a temperaturas entre 15-20 °C y la protección frente a la luz.

Es necesario hacer una primera reflexión: en la evolución de la alimentación en la especie humana, la referida al consumo de aceites y grasas es la que más se ha modificado en cantidad y calidad.

ble en los aceites de soja y colza. En cuanto a los ácidos eicosapentanoico (EPA) y docosahexanoico (DHA), sólo se ingieren a través del pescado graso -o también llamado azul-. En conjunto, se puede decir que hasta hace poco tiempo la relación ácido linoleico/ácidos ω-3 ha sido tradicionalmente baja, e incluso cercana a 1. La situación actual es muy distinta debido a la fuerte presencia en nuestra dieta del ácido linoleico, lo que ha supuesto que casi se alcancen valores de 10/1.

Resulta complejo buscar un equilibrio o relación ideal entre el ácido monoinsaturado oleico ω-9 y los insaturados ω-6 y ω-3: en función de lo que conocemos, el oleico debe ser más abundante, tanto por sus efectos directos positivos, como por su regulación de las otras series. Por otro lado, la presencia en la dieta del ácido linoleico, mayoritario en aceites de semillas, debería disminuir de forma acusada y mantener los ácidos grasos ω-3 en las proporciones actuales. En términos prácticos, se debe favorecer en aquellas poblaciones donde exista accesibilidad al mismo el consumo preferente de aceite de oliva, disminuyendo el consumo de los de semillas. La recomendación anterior se basa en razones de salud y no en términos económicos.

Aceite de oliva y pirámide alimentaria mediterránea

El aceite de oliva aparece en la base de la pirámide como alimento clave en nuestro patrón de dieta, de manera que:

- El consumo de aceite de oliva debe ser **diario** (3 raciones), aunque en cantidades moderadas.
- El aceite de oliva a utilizar debe ser preferentemente **aceite virgen** por las diferencias en los aspectos nutricionales y sensoriales.
- Se puede usar aceite de oliva, tanto en crudo como en fritura, o mediante el empleo de otras técnicas culinarias.

Recomendaciones y conclusión

Existe consenso en la actualidad de que el ácido oleico será siempre el ácido graso que deba aportarse en mayor cantidad, entre un 13-15%, pudiendo llegar al 20% en poblaciones como las mediterráneas (como en el caso de España). Es decir, en aquellas situaciones en las que la grasa total puede alcanzar un 35% de la energía total consumida, precisamente cuando el aceite de oliva sea el habitual en la alimentación diaria.

No existe duda de que, en las últimas décadas se han comprobado científicamente diversos efectos beneficiosos para el aceite de oliva, que convierten a éste en un alimento saludable. Sin embargo, no se debe caer en la exageración de sus propiedades potenciales positivas, ya que puede suponer que nos olvidemos que, desde el punto de vista energético ("calórico"), todas las grasas son iguales: 1 g de aceite de oliva al igual que el resto aporta 9 kcal, evitando así que el mensaje nutricional transforme los efectos beneficiosos en un exceso de ingesta de aceite de oliva, como ha ocurrido en países como Grecia, que ha alcanzado las mayores tasas de obesidad del mundo, después de la isla de Hawai.

Pensamos en definitiva que la cocina de nuestro siglo XXI debe encaminarse hacia un modelo de nueva cocina mediterránea, sana y ligera, en la que el aceite de oliva virgen sea un ingrediente obligado.

Anexo 5 Aceite de oliva y salud

Antonio López Farré y Zuriñe Ibarra

Si alguien considera poco importante la relación entre alimentación y salud, sólo hay que recordar que una persona de 75 años habrá ingerido durante su vida un promedio de 70 toneladas de alimentos a través de su tubo digestivo. Si estas toneladas de alimentos no fueran saludables, los alimentos dañarían el organismo en relación directa con la toxicidad de los mismos.

El interés médico en la importancia que tiene la dieta en la salud surgió posiblemente cuando un profesor americano de la Universidad de Minessota, Ancel Keys, observó que en algunos países mediterráneos había una incidencia menor de enfermedades cardiovasculares. El Profesor Keys se desplazó a Nápoles, y observó que un gran número de sus habitantes seguía una dieta alimenticia basada fundamentalmente en una dieta rica en vegetales, regada con aceite de oliva y acompañada de pan.

Unos meses más tarde, en 1953, el profesor Keys y su esposa Margaret son invitados por el profesor Carlos Jiménez Díaz (fundador de la Clínica de la Concepción) y durante su estancia en Madrid hacen un estudio semejante en los habitantes de Vallecas, un barrio muy popular de esta ciudad. El matrimonio Keys escribió sobre este estudio: *"El buen pueblo de Vallecas era algo más pobre y orgulloso que los napolitanos, su dieta menos abundante en carne, lácteos y grasas.*

Sus niveles de colesterol más bajos". En el año 1970, el Dr. Keys publicó el "Estudio Siete Países", que fue el primer estudio que demostró que el incremento de mortalidad por enfermedad cardiovascular estaba relacionado con las cifras de colesterol sanguíneo de las distintas poblaciones estudiadas y, consecuentemente, con sus hábitos de alimentación. En este estudio, es también importante destacar que los habitantes de la isla de Creta, con un consumo más elevado de grasa (principalmente aceite de oliva), presentaban la incidencia de cardiopatía isquemica más baja registrada en todos los países estudiados. Ésta fue la base principal para pensar en el posible valor terapéutico de las grasas ricas en ácidos grasos monoinsaturados (aceite de oliva) en relación con la enfermedad coronaria.

La mitología y la tradición están llenas de citas que hacen referencia al aceite de oliva y al olivo.

En el *Génesis* se puede leer: *"Después del diluvio, por la tarde, una paloma volvió donde estaba Noé llevando en su pico una rama de olivo".*

En el *Levítico*, Moisés siguiendo los consejos del Padre Eterno ordena que se hagan oblaciones con pasteles de harina en flor, amasados con aceite de oliva. En Grecia, Palas Atenea hizo crecer un olivo para iluminar las noches con lucernas de aceite, aliviar las heridas y producir un alimento dador de salud y energía, además de ser un símbolo de victoria al ganar la disputa que los antiguos griegos le plantearon a Poseidón. Los dos tenían que ofrecer a la ciudad un presente y entonces ésta llevaría el nombre del dios ganador. Dándole el olivo como regalo, la ciudad pasó a llamarse Atenas. Y así, podríamos llegar a los tiempos más modernos donde la Iglesia Católica celebra con aceite de oliva sus ceremonias, y con el Santo Óleo se da la acogida en el rito del bautismo y se despide en la extremaunción. Podríamos evidentemente llenar páginas y páginas, incluso hacer un libro monográfico describiendo como el aceite de oliva forma parte importante de nuestra historia... pero realmente el motivo de este capítulo no es la historia sino la importancia del aceite de oliva en la salud.

El estudio del **efecto beneficioso del aceite de oliva sobre la salud** se ha concentrado sobre todo en dos sistemas fundamentales: el **sistema digestivo** y el **sistema cardiovascular**, aunque también se han observado efectos beneficiosos sobre otros sistemas.

Sistemas sobre los que el aceite de oliva ejerce un efecto protector

El efecto beneficioso del aceite de oliva sobre el sistema digestivo

Desde que un alimento entra en la boca afecta de forma beneficiosa o perjudicial al sistema digestivo. En este sentido, existen efectos conocidos del aceite de oliva a nivel del estómago, hígado vesícula biliar, páncreas e intestino.

En el estómago, la ingesta de aceite de oliva produce un menor reflujo del contenido gástrico desde el estómago al esófago, tubo digestivo por el que llega el alimento desde la boca, al estómago. Esto reduce el riesgo de daño en el esófago, incluida la reducción del desarrollo de tumores en él. En el estómago, el aceite de oliva reduce la motilidad gástrica de manera más eficaz que otros aceites. Esto hace que el vaciado del estómago sea más lento lo que, desde el punto de vista de la salud, puede dar lugar por un lado a una mayor sensación de saciedad (ayudando así a una menor ingesta de alimentos) y, por el otro, a ralentizar y gradualizar la llegada del contenido de alimento al duodeno, facilitando de esta manera la mayor absorción de nutrientes. Otro efecto beneficioso del aceite de oliva en el aparato digestivo es que reduce la acidez gástrica, pues una alta acidez gástrica se ha asociado con el desarrollo de úlceras.

En relación directa con el aparato digestivo está el sistema hepatobiliar y el aceite de oliva también tiene un efecto beneficioso sobre este sistema. En concreto, el aceite de oliva estimula la síntesis hepática de sales biliares, aumenta la excreción hepática de colesterol y facilita la contracción de la vesícula biliar, reduciendo la presencia de cálculos biliares. La mayor secreción de sales biliares ayudará a solubilizar el colesterol y reducirá el riesgo de formación de cristales de colesterol, produciéndose en su conjunto un mayor vaciado del contenido de la vesícula.

Con respecto al páncreas, el aceite de oliva respecto a otros aceites de semillas, hace que este órgano trabaje menos.

En el intestino, lugar del tubo digestivo donde terminará el proceso de la digestión, el aceite de oliva cumple diferentes funciones: reduce la absorción del colesterol y, por lo tanto, el paso masivo de colesterol desde el tubo digestivo a la circulación sanguínea. Esto lo hace porque el aceite de oliva contiene sitosterol, un compuesto de estructura química semejante al colesterol, por lo que compite con él impidiendo su absorción en sangre. El aceite de oliva también parece que mejora la absorción de diferentes nutrientes como minerales, calcio, hierro y magnesio.

Uno de los problemas más importantes del sistema digestivo es la alta incidencia de cáncer en muchos de los órganos que lo componen. El aceite de oliva también ha demostrado tener un efecto beneficioso preventivo sobre el desarrollo del cáncer en este sistema. Como ejemplo, el aceite de oliva contiene hidroxicortisol, un compuesto fenólico que es, además, uno de los principales componentes antioxidantes del aceite de oliva. El hidroxicortisol inhibe la proliferación de células cancerígenas favoreciendo la muerte de las células (éste es un concepto nuevo que merece explicarse con más detalle).

En los últimos años se ha descrito la existencia de un mecanismo complejo por el que una célula pone en marcha mecanismos que van a terminar con la muerte de la misma. Este proceso se ha llamado apoptosis (o "muerte celular programada"). En muchos casos, es necesario que la célula muera y se recambie puesto que, si no fuera así, existiría una acumulación celular que daría lugar a un tumor.

El aceite de oliva, a través de su alto contenido en hidroxicortisol, favorece este proceso de apoptosis en las células que componen los diferentes órganos del sistema digestivo. En los últimos años, se ha atribuido también este efecto preventivo del aceite de oliva sobre el desarrollo de cáncer al alto contenido de escualeno. El escualeno inhibe en las células la estimulación de

oncogenes relacionados con el crecimiento celular. Este mecanismo protectivo del aceite de oliva parece tener una mayor relevancia en la prevención del cáncer de colon. No obstante, aunque por los datos epidemiológicos existentes sí parece evidente el efecto beneficioso preventivo del aceite de oliva sobre el desarrollo de cáncer en el sistema digestivo, los mecanismos responsables del mismo tienen que ser investigados con mayor profundidad.

El aceite de oliva y el sistema cardiovascular

Las enfermedades cardiovasculares son las de mayor incidencia en los países occidentales. Numerosos estudios publicados han señalado que la aterosclerosis tiene una relación directa con las costumbres alimentarias.

Acción del aceite de oliva sobre el sistema cardiovascular:
- *Protege la función vascular*
- *Reduce la activación de las plaquetas*
- *Reduce la oxidación de LDL*
- *Aumenta las HDL*
- *Ralentiza la absorción de glucosa*

Los alimentos ricos en grasas aumentan el colesterol en el plasma y éste se transporta en el plasma por medio de las lipoproteínas. El colesterol transportado en las lipoproteínas de baja densidad (VLDL y LDL) es aterogénico, es decir, produce daño en los vasos arteriales (concretamente en la pared de las arterias). Este daño en las arterias se va a reflejar fundamentalmente en el desarrollo de placas de ateroma que, si son inestables, pueden facilitar la existencia de inflamación dentro de la pared arterial, romperse y dar lugar a la activación de las plaquetas. Las plaquetas activadas forman un trombo que puede ocluir (parcial o totalmente) el flujo de sangre por la arteria. Si lo que de esta forma se ocluye es una arteria del corazón (una arteria coronaria), se produciría un infarto de miocardio.

El colesterol puede sin embargo unirse a una lipo-proteína que tiene un papel protector sobre los vasos, las HDL. Entonces, estaremos hablando del colesterol "bueno" ya que protege de las enfermedades cardio-vasculares. El papel principal de las HDL es eliminar el colesterol libre de las células y transportarlo al hígado para que se elimine por la bilis. El aceite de oliva reduce los niveles de colesterol total y de las LDL y además no modifica e, incluso según algunos estudios, aumenta las HDL.

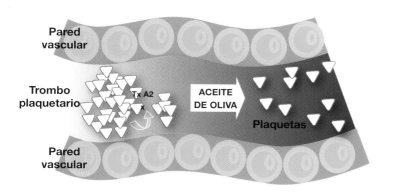

El aceite de oliva previene la formación de trombos plaquetarios en las arterias mediante la inhibición de la formación de compuestos que activan a las plaquetas como el tromboxano A2.

Como ya se ha indicado en lo correspondiente al cáncer, el aceite de oliva contiene un alto poder antioxidante. Las LDL son moléculas muy susceptibles a la oxidación y, tanto es así, que las LDL oxidadas son las que tienen mayor actividad aterogénica. Uno de las mecanismos más importantes de protección del aceite de oliva estriba en que, respecto a otros aceites, confiere a las LDL una mayor resistencia a oxidarse por lo que los niveles de LDL oxidadas son menores. En relación también a este efecto antioxidante del aceite de oliva está su capacidad de proteger la funcionalidad de la pared vascular.

¿Qué es la funcionalidad vascular?

Las arterias están constituidas por una serie de capas concéntricas que forman la pared vascular. En la parte más interior de la pared vascular, y en contacto directo con la sangre, están localizadas las células endoteliales. Las células endoteliales forman solamente una monocapa, pero que es fundamental para la buena funcionalidad de la pared. El endotelio genera diferentes sustancias y una de ellas es un gas llamado oxido nítrico (NO). El NO facilita la vasorrelajación de la pared vascular y tiene un efecto inhibidor de la activación de las plaquetas.

Este NO se inactiva por sustancias oxidantes, como son los radicales libres, lo que impide su acción y produce la disfunción vascular. El aceite de oliva protege de forma directa la formación de NO por el endotelio y, a través de su efecto antioxidante, prolonga la vida de este gas facilitando su acción vasodilatadora y antitrombótica. En otras palabras, el aceite de oliva protege la funcionalidad de la pared vascular. Los compuestos fenolitos que contiene el aceite de oliva tienen un importante papel en esta propiedad protectora de la funcionalidad endotelial y de la pared vascular por el consumo de aceite de oliva. En este sentido, es importante señalar que una mala funcionalidad endotelial o vascular está implicada en el inicio de todas las patologías cardiovasculares (hipertensión, hipercolesterolemia, diabetes, etc....). Hoy también está reconocido que los compuestos fenolitos que contiene el aceite de oliva también pueden actuar a nivel de la expresión de genes, inhibiendo la expresión de algunos de estos genes relacionados con la respuesta inflamatoria. Hay que señalar que estudios epidemiológicos han relacionado a la inflamación con un pronóstico del paciente cardiovascular.

Finalmente, hay que señalar que el componente vitamínico del aceite de oliva (fundamentalmente la vitamina E) también está implicado en el efecto antioxidante del aceite de oliva.

Una de las enfermedades que está aumentando su incidencia en la población es la diabetes mellitus. La diabetes, que es considerada una enfermedad endocrinológica, es también una enfermedad con una incidencia directa sobre el sistema cardiovascular. Es una patología conocida por tener alterado el metabolismo de la glucosa que se controla por la administración de insulina. Diferentes estudios han demostrado que el aceite de oliva reduce la elevación de los niveles de glucosa en sangre, necesitando por lo tanto los pacientes diabéticos menos dosis de insulina. Este hecho parece estar relacionado con el enlentecimiento del vaciamiento gástrico inducido por el consumo de aceite de oliva, produciéndose así una elevación más gradual de la glucosa en sangre. Existen fármacos que se utilizan en el tratamiento de la diabetes que funcionan de una forma semejante a como lo hace el aceite de oliva de forma natural.

Las plaquetas de los diabéticos tienen una mayor facilidad para formar trombos. El alto contenido del aceite de oliva en compuestos fenólicos (particularmente hidroxicortisol) reduce la activación plaquetaria y previene la formación de microtrombos en estos pacientes. En este mismo sentido, el aceite de oliva evita la formación de ciertos compuestos liberados por las plaquetas como es el tromboxano A2, cuya función es potenciar la activación de estas células.

Como indicación, la aspirina, fármaco que además de evitar el dolor evita la formación de trombos (por lo que protege del infarto de miocardio), tiene un mecanismo de acción antiplaquetaria que consiste en evitar la formación de tromboxano A2 por las plaquetas.

Otros efectos del aceite de oliva sobre la salud

Aunque el mayor número de estudios se han concentrado sobre los efectos beneficiosos del aceite de oliva en el sistema digestivo y cardiovascular, eso no significa que no tenga efectos sobre otros órganos. Por ejemplo, a nivel del sistema óseo, en animales de experimentación se ha observado que mejora la estructura de este sistema, favoreciendo además un adecuado crecimiento.

También en la piel el aceite de oliva tiene un efecto protector contra la radiación solar, lo cual se explica por su alto contenido en vitaminas E y A. También el aceite de oliva tiene un efecto beneficioso sobre el sistema inmunológico, reforzándolo ante las agresiones externas causadas por microorganismos como bacterias o virus. Finalmente, el aceite de oliva desempeña un papel fundamental para el feto durante el periodo de gestación. El feto necesita vitamina E para su crecimiento y el aceite de oliva es un aporte natural de esta sustancia. Así, se ha observado que los hijos de madres que han tomado aceite de oliva durante la gestación presentan un mayor desarrollo postnatal.

Son muchas las incógnitas que quedan por responder sobre cómo se produce y hasta donde llega el efecto beneficioso del aceite de oliva sobre la salud. Probablemente, en los próximos años podremos asistir con la ayuda del desarrollo de nuevas tecnologías en la investigación biomédica, a la respuesta de estas preguntas. Lo único que sí parece claro es que el aceite de oliva es una fuente natural de salud.

Rafael Ansón Oliart

Espíritu de este libro, es Presidente de la Academia Española de Gastronomía. Ha sido Presidente de la Academia Internacional de Gastronomía.

Ismael Díaz Yubero

Miembro de la Academia Española de Gastronomía, es Premio Nacional de Gastronomía y Premio Alimentos de España.

Mª Isabel Mijares

Química y enóloga experta, es miembro de la Academia Española de Gastronomía y Premio Nacional de Gastronomía.

José Carlos Capel

Periodista, crítico gastronómico y responsable de *Madrid Fusión*.

los autores

José Manuel Ávila

Ingeniero agrónomo, es Secretario General de la Fundación Española de la Nutrición.

Vicente Fernández Lobato

Ingeniero agrónomo especialista en aceites, ha sido Director del Patrimonio Comunal Olivarero.

Cristino Lobillo

Químico, experto en aceites y especialista en los aspectos relacionados con la calidad.

Álvaro González Coloma

Ingeniero agrónomo, experto en aceites, es director de la Fundación Patrimonio Comunal Olivarero.

Michel Rolland

Eminente enólogo, es el líder mundial del conocimiento de los vinos que inicia su andadura en el mundo del aceite.

Gregorio Varela Moreiras

Catedrático de la Universidad San Pablo-CEU y Presidente de la Fundación Española de la Nutrición.

Olga Moreiras Tuni

Catedrática de Farmacia especialista en Nutrición.

Antonio López Farré

Médico especialista en temas cardiocirculatorios y en el metabolismo de las grasas.

Zuriñe Ibarra

Médico especialista en enfermedades cardiocirculatorias.

Cuesta C., Sánchez Muniz F. J., Varela G.: *Nutritive value of frying fats*. In: Varela G., Bender A E, Morton I. D., eds. Frying of food. *Principles, changes, new approaches*, Chichester, UK: Ellis Horwood Ltd, 1988: 112-28.

Dobarganes, M. C. y Márquez-Ruiz, G.: *Calidad de las grasas de fritura en el sector de restauración de Andalucía*. Grasas y aceites 1995. 46: 115-120.

Moreiras-Varela O., Ruiz-Roso B., Belmonte S., Pérez M.: *Influencia de dos procesos culinarios utilizando aceite de oliva y margarina, sobre la bioutilización de la proteína y el contenido en vitamina C de algunos alimentos*. Rev Agroquim Technol Aliment. 1990;3: 387-96.

Ruiz B., Varela G., Varela-Moreiras, G.: *Papel de las grasas en la Dieta Mediterránea*. Rev. Chil Nutr 28: 321-327 (2001).

bibliografía

Mataix J., Quiles J., Rodríguez Huertas J.: *Aceites y grasas*. En: Sociedad Española de Nutrición Comunitaria (SENC), eds. Guías Alimentarias para la Población Española 2001: 121-132.

Mataix J.: *Aceite de oliva y salud.* En: Pérez-Llamas F., Garaulet M., Sánchez de Medina F., Zamora S., eds. Alimentación y Salud 2001: 165-176. Universidad de Murcia.

Mataix J., Mataix Albert B., Serra LL. *Aceite de oliva y alimentación mediterránea*. En: J. Mataix Verdú (ed.). *Aceite de oliva virgen: nuestro patrimonio olivarero*. Ediciones Universidad de Granada y PULEVA Food, 2001.

Moreiras O, Ruiz-Roso B., Varela G.: *Effects of frying on the nutritive value of food*. In: Varela G., Bender A.E., Morton I.D., eds. *Frying of food. Principles, changes, new approaches*. Chichester, UK: Ellis Horwood Ltd, 1988:93-102.

Urrialde R.: *El aceite de oliva virgen, máximo representante de la dieta mediterránea*. En: J. A. Pinto y J. R. Martinez (eds). *El aceite de oliva y la dieta mediterránea (serie Nutrición y Salud)*. Consejería de Sanidad y Consumo, Comunidad de Madrid, 2005.

Varela G. Ruiz-Roso B.: *Some nutritional aspects of olive oil. En: Handbook of Olive Oil. Analysis and Properties*. Aspen Publishers, Inc. Gaithersburg MA. 565-580 (2000).

Varela G., Bender A.E., Morton I.D., eds.: *Frying of food. Principles, changes, new approaches*. Chichester, UK: Ellis Horwood Ltd, 1988.

Museos
del aceite

PARQUE TEMÁTICO DEL ACEITE

Fundació Parc Temàtic de LÒil

Ctra. Tarragona-Lleida, Km. 71

Les Borges Blanques - Juneda (Lérida)

Tfno: 973 14 00 18

e-mail: parctematic@turinet.net

www.turinet.net/empresa/parctematic

MUSEO DEL ACEITE EL LAGAR DEL MUDO

San Felices de los Gallegos (Salamanca)

Tfno: 923 521 659 / 923 460 382

Tfno: 605 989 572 ó 605 989 573

e-mail: jesus@lagardelmudo.com

www.marce@lagardelmudo.co

MUSEO DE LA CULTURA DEL OLIVO

Parque Natural de la Laguna Grande.

Complejo Hacienda de la Laguna (a 8 km. de Baeza)

Puente del Obispo - Ctra. N-321

Baeza (Jaén)

Tfno: 953 76 50 84

MUSEO DEL ACEITE HOJIBLANCA
DE ANTEQUERA

Ctra. Córdoba - Málaga, s/n

29200 - Antequera (Málaga)

Tfno: 952 84 14 51

Fax: 952 84 25 55

MUSEO DEL OLIVO DE CASTRO DEL RÍO
- OLEOCULTURA

C/ Molinos, s/n

Tfno: 957 37 26 98

Castro del Río (Córdoba)

MUSEO ETNOGRÁFICO DE BENALAURÍA

C/ Alta, 115

Benalauría (Málaga)

Tfno: 952 12 25 48 / 952 87 07 39

Fax: 952 12 25 78

E-mail: lamolienda@lamolienda.com

MUSEO DEL ACEITE DE CABRA - HECOLIVA

Vado del Moro, 2

14940 - Cabra (Córdoba)

Tfno: 957 52 17 71

e-mail: hecoliva@hecoliva.com

www.hecoliva.com

MUSEO DEL ACEITE Y DEL MUNDO RURAL
DE CASTELLDANS

C. de l'Empit, 9

Castelldans (Lérida)

Tfno: 973 120 002

MUSEO DE TRADICIONES POPULARES

Mora (Toledo)

Cuenta con elementos de una antigua

almazara o molino de aceite.

MUSEO FUNDACIÓN PATRIMONIO COMUNAL
OLIVARERO

Ctra. Orgaz, s/n

45400 Mora (Toledo)

Tfno: 925 300 895

Fax: 925 300 816

MUSEO DEL ACEITE DE OLIVA CASTILLO
DE TABERNAS

C/ Real, 15

04001 Almería

Tfno: 950 62 0002

www.castillodetabernas.net

MUSEO DEL OLIVAR Y DEL ACEITE

C/ Cañada, 7

14850 - Baena (Córdoba)

e-mail: info@museoaceite.com

Tfno: 957 69 16 41

MUSEO DEL ACEITE DE SEGORBE

Pza. Belluga, 1

Segorbe (Castellón)

MUSEO RURAL DEL ACEITE Y EL VINO

Lagares de Peña, s/n

San Martín de Trebejo (Cáceres)

Tfno: 927 14 42 26

MUSEO DEL ACEITE DE LA MUELA

San Clemente, 5

50196 La Muela (Zaragoza)

Tfno: 976 144 363

Tfno: 976 144 287

www.elmuseodelaceite.com/web.html

ANTIGUO MOLINO DE ACEITE MAURICI MASSOT

Pl. de l'Ajuntament, 1

25266 - Belianes (Lérida)

Tfno: 973 330 139

Fax: 973 331 047

e-mail: ajuntament@belianes.ddl.net

www.belianes.cat

MUSEO-HOTEL MOLÍ DE L'HEREU

Rabanella, s/n

Rafales (Teruel)

Tfno: 978 85 62 66

HOTEL-RESTAURANTE MOLINO DE LAS PILAS

Apdo. de correos, 209

Ctra. Vieja de Ronda, s/n

29327 Teba (Málaga)

Tfno: 952 74 86 22

e-mail: info@molinodelaspilas.com

Construido sobre una antigua almazara, contiene un molino rehabilitado y habitaciones con nombre de variedades de aceitunas.

MUSEO MOLINO DEL ACEITE

Ojén (Málaga)

Museo del Molino (Siglo XIX)

El Museo del Molino es el lugar donde se ubicó la última fábrica de aguardiente de Ojén. De este antiguo molino, que puede ser accionado a través de la fuerza motriz del agua y también por electricidad, se obtiene uno de los productos más preciados de la localidad: el aceite de oliva.

MUSEO CORTIJO DE MIRAFLORES

Av. José Luis Morales y Marín, s/n

29600 Marbella (Málaga)

Tlf. 952 90 27 14

Cuenta con un molino de aceite.

ALMAZARA MUSEO "LAS LAERILLAS" (S. XV)

Nigüelas (Granada)

Tlf: 958 777 772

MUSEO EL MOLINO DE FUENTE RIBERA

Almedinilla (Córdoba)

Almedinilla forma parte de la D. O. "Priego de Córdoba".

Índice
de recetas

a

Aceite de oliva con sésamo   153
Aceite de oliva virgen extra con limones a la sal,
 pesto y tomates asados al horno   200
Ajo blanco con langostino de Vinaroz
 envuelto en tocino Ibérico   179
Ajo blanco malagueño con granizado
 de vino tinto   122
Ajoarriero ahumado con caviar   148
Almejas de carril a la infusión de aceite de primera
 prensada y tomillo   198
Anchoas marinadas rellenas de huevas de arenque
 con ajo blanco y helado de aceite de oliva   202
Arbequina y mandarina (helado de piña asada
 y chocolate al aceite)   216

b

Bacalao con pil pil helado   176
Bacalao en emulsión de aceite   196
Besugo al horno   168
Binomio de Torta del Casar, membrillo
 y aceite de vainilla   188
Bizcocho de aceitunas con mermelada
 de aceite y helado de pan   136
Boquerones a Los Salazones   227
Borrajas con aceite de oliva   177
Brocheta de lechazo sobre cuscús y milhojas
 de café y aceite   154

c

Calamares con buñuelos de bacalao   170
Caramelo de aceite de oliva   160
Cardo rizado en ensalada con aceite
 texturizado   172
Carne a las finas hierbas   226
Carpaccio de higos, vinagreta, helado de kéfir,
 Parmesano y aceite   194
Carpaccio de solomillo de ternera y *foie*   140
Cherne confitado en aceite de Arbequina con arroz
 cremoso de pata de cerdo y Majorero   130
Chuletas de cordero con cuscús de trompetas de la
 muerte y pesto de Picual y cilantro   132
Cigalas en marmita   142
Cóctel de aceite 0-60 ºC   126
Conejo confitado en aceite de oliva
 con prunas y orejones   224
Corazón de tomate, fiambre de atún, aire seco de
 almendras y prensado de oliva   127
Cremoso de Parmesano Reggiano con velo de
 6 albahacas (silvestres y de cultivo) con
 piñones   180

e

Ensalada de langostinos y buey cocido sobre tiras
 de rábano y queso duro, aliñada con aceite
 de oliva virgen extra   134
Ensalada de queso fundido con aceite
 de hierbas   184

f

Foie a la parrilla, hierbas aromáticas
 y aceite de avellana   190

Los aceites de oliva en la gastronomía del siglo XXI

g

Gazpacho de cerezas emulsionado al aceite
de oliva extra Arbequina con gambas
al limón   182

Gazpacho manchego con atún y hierbas   144

Gazpachuelo malagueño con lubina 65 °C   124

h

Helado de jamón Ibérico con semillas de tomate,
costrones de pan y aceite *Dauro*   206

Huevas de merluza con cebolleta tierna
y boliches   220

j

Jugo de tomate, aceite, ajo y albahaca con queso
frito, paté de olivas y membrillo   150

l

Láminas de bacalao, con espuma de aceite
de oliva virgen, mango, gelée de albahaca y
aceite de perejil   204

Licuado de calabaza, aceite de oliva y cigalas   210

Lomo de mero del Cantábrico con yogur
en aceite   138

Lubina con mayonesa de ajo y cebolla   218

p

Pa amb oli con pulpo confitado   201

Pan con aceite, azúcar y limas   166

Pan con chocolate   162

Pan con tomate   120

Pargo con emulsión de pimentón y ajos tiernos   146

Pestiños de albahaca, sorbete de alpicoz
y Arbequina   128

Pixín en su jugo con almejas y arbeyos
a la menta   222

Puré de patatas con aceite de oliva   153

r

Rape soasado con sopa de tomate y crujiente
de pipa de calabaza con aceite   156

Raviolis de patata rellenos de butifarra
y emulsión de aceite extra frío   199

s

Salteado de bonito con hinojo y aceite de oliva
virgen extra con base de ensalada
de habichuelas y peras   135

Sardinas marinadas rellenas de huevas de arenque
y verduras   164

t

Tartar de tomate con cigala y ajo blanco   208

Tataki de bonito al aceite de oliva con sofritos
perfumados de albahaca   174

Trufas de chocolate y aceite de oliva   212

v

Verduras al vapor con lascas de Ibérico
y oliva virgen   192

Verduras primaverales   158

Vieiras marinadas con hígado de rape y helado
de aceite de oliva virgen extra *Artajo*   214

Vieras asadas con verduras
al aroma de vainilla   186

Recetas con aceite de oliva virgen extra **frutado suave**

Ajo blanco con langostino de Vinaroz envuelto
en tocino Ibérico 179

Ajo blanco malagueño con granizado
de vino tinto 122

Almejas de carril a la infusión de aceite
de primera prensada y tomill 198

Arbequina y mandarina (helado de piña asada
y chocolate al aceite) 216

Binomio de Torta del Casar, membrillo
y aceite de vainilla 188

Borrajas con aceite de oliva 177

Brocheta de lechazo sobre cuscús
y milhojas de café y aceite 154

Calamares con buñuelos de bacalao 170

Caramelo de aceite de oliva 160

Cardo rizado en ensalada
con aceite texturizado 172

Carpaccio de higos, vinagreta, helado de kéfir,
Parmesano y aceite 194

Carpaccio de solomillo de ternera y *foie* 140

Cherne confitado en aceite de Arbequina
con arroz cremoso de pata de cerdo
y Majorero 130

Cigalas en marmita 142

Cremoso de Parmesano Reggiano con velo
de 6 albahacas (silvestres y de cultivo)
con piñones 142

Ensalada de langostinos y buey cocido sobre tiras
de rábano y queso duro, aliñada con aceite
de oliva virgen extra 134

Foie a la parrilla, hierbas aromáticas y aceite
de avellana 190

Gazpacho de cerezas emulsionado al aceite de oliva
extra Arbequina con gambas al limón 182

Gazpacho manchego con atún y hierbas 144

Gazpachuelo malagueño con lubina 65 °C 124

Huevas de merluza con cebolleta tierna
y boliches 220

Licuado de calabaza, aceite de oliva y cigalas 210

Lomo de mero del Cantábrico
con yogur en aceite 138

Pan con aceite, azúcar y limas 166

Pan con chocolate 162

Pan con tomate 120

Pestiños de albahaca, sorbete de alpicoz
y Arbequina 128

Pixín en su jugo con almejas
y arbeyos a la menta 222

Puré de patatas con aceite de oliva 153

Rape soasado con sopa de tomate y crujiente
de pipa de calabaza con aceite 156

Raviolis de patata rellenos de butifarra
y emulsión de aceite extra frío 199

Salteado de bonito con hinojo y aceite
de oliva virgen extra con base de ensalada
de habichuelas y peras 135

Bizcocho de aceitunas con mermelada
de aceite y helado de pan 136

Trufas de chocolate y aceite de oliva 212

Vieiras marinadas con hígado de rape
y helado de aceite de oliva virgen
extra *Artajo* 214

Recetas con aceite de oliva
virgen extra frutado intenso

Aceite de oliva con sésamo 153

Aceite de oliva virgen extra con limones a la sal,
pesto y tomates asados al horno 200

Ajoarriero ahumado con caviar 148

Anchoas marinadas rellenas de huevas
de arenque con ajo blanco
y helado de aceite de oliva 202

Bacalao con pil pil helado 176

Bacalao en emulsión de aceite 196

Besugo al horno 168

Boquerones a Los Salazones 227

Carne a las finas hierbas 226

Chuletas de cordero con cuscús de trompetas
de la muerte y pesto de Picual
y cilantro 132

Cóctel de aceite 0-60 ºC 126

Conejo confitado en aceite de oliva
con prunas y orejones 224

Corazón de tomate, fiambre de atún, aire seco
de almendras y prensado de oliva 127

Ensalada de queso fundido
con aceite de hierbas 184

Jugo de tomate, aceite, ajo y albahaca con queso
frito, paté de olivas y membrillo 150

Láminas de bacalao, con espuma de aceite de oliva
virgen, mango, *gelée* de albahaca y aceite
de perejil 204

Lubina con mayonesa de ajo y cebolla 218

Helado de jamón Ibérico con semillas de tomate,
costrones de pan y aceite *Dauro* 206

Pa amb oli con pulpo confitado 201

Pargo con emulsión de pimentón
y ajos tiernos 146

Sardinas marinadas rellenas de huevas de arenque
y verduras 164

Tartar de tomate con cigala
y ajo blanco 208

Tataki de bonito al aceite de oliva con
sofritos perfumados de albahaca 174

Verduras al vapor con lascas de Ibérico
y oliva virgen 192

Verduras primaverales 158

Vieras asadas con verduras
al aroma de vainilla 186

ABREVIATURAS DE LOS VALORES
NUTRICIONALES DE LAS RECETAS:

NIVEL:
↑ = alto
→ = medio
↓ = bajo

E = energía, valor calórico
C = colesterol
HdC = hidratos de carbono
Proteínas
Fibra
M y V = minerales y vitaminas

Aldebarán, Badajoz, Extremadura — 184-187

Anthuriun, Las Palmas de Gran Canaria,
    Canarias — 130-133

Arzak, San Sebastián, País Vasco — 210-213

Atrio, Cáceres, Extremadura — 188-191

Bamira, San Agustín (Gran Canaria),
    Canarias — 134-135

Ca Sento, Valencia, Comunidad Valenciana — 178-179

Café de París, Málaga, Andalucía — 122-125

Can Fabes, Sant Celoni (Barcelona),
    Cataluña — 158-159

El Rincón de Pepe, Murcia,
    Región de Murcia — 224-225

La Alquería, Sevilla, Andalucía — 120-121

La Broche, Madrid, Comunidad de Madrid — 164-167

La Taberna de Rotilio, Sanxenxo (Pontevedra),
    Galicia — 192-193

L'Alezna, Caces, Principado de Asturias — 220-223

Las Rejas, Las Pedroñeras (Cuenca),
    Castilla-La Mancha — 148-151

Las Torres, Huesca, Aragón — 127-129

Lillas Pastia, Huesca, Aragón — 126

restaurantes

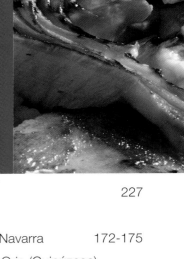

Cana Joana, Ibiza, Islas Baleares — 198-199

Casa Gerardo, Prendes,
    Principado de Asturias — 216-219

Casa Toni, San Vicente de la Sonsierra,
    La Rioja — 202-205

Cenador de Amós, Villaverde de Pontones,
    Cantabria — 136-139

Chez Víctor, Salamanca, Castilla y León — 152-153

Echaurren, Ezcaray, La Rioja — 206-209

El Bohío, Illescas (Toledo),
    Castilla-La Mancha — 144-147

El Bulli, Roses (Gerona), Cataluña — 160-163

El Poblet, Dénia, Comunidad Valenciana — 180-183

El Refectorio, Ceuta — 226

Los Salazones, Melilla — 227

Maher, Cintruénigo,
    Comunidad Foral de Navarra — 172-175

Martín Berasategui, Lasarte-Oria (Guipúzcoa),
    País Vasco — 214-215

Rodero, Pamplona,
    Comunidad Foral de Navarra — 176-177

San Román de Escalante,
    Escalante (Cantabria) — 140-143

Santceloni, Madrid, Comunidad de Madrid — 168-171

Toñi Vicente, Santiago de Compostela
    (La Coruña), Galicia — 194-197

Tristán, Mallorca, Islas Baleares — 200-201

Vivaldi, León, Castilla y León — 154-157

Abadía, Fernando, Restaurante Las Torres

Adrià, Ferran, Restaurante El Bulli

Aleixandre, Raúl, Restaurante Ca Sento

Arola, Sergi, Restaurante La Broche

Arzak, Juan Mari, Restaurante Arzak

Bárcena, Fernando, Restaurante Aldebarán

Benítez, Francisco, Restaurante Los Salazones

Berasategui, Martín, Restaurante Martín Berasategui

Bermúdez, Manicha, Restaurante La Taberna de Rotilio

Biarnés, Joana, Restaurante Cana Joana

Eder, Herbert, Restaurante Bamira

García, José Carlos, Restaurante Café de París

González, Francisco, Restaurante El Rincón de Pepe

Martínez, Enrique, Restaurante Maher

Martino, Pedro, Restaurante L'Alezna

Morales, Rafael, Restaurante La Alquería

Morán, Pedro, Restaurante Casa Gerardo

Paniego, Francis, Restaurante Echaurren

Pérez, Toño, Restaurante Atrio

Rodero, Koldo, Restaurante Rodero

jefes de cocina

Bosque, Carmelo, Restaurante Lillas Pastia

Botas, Alfonso, Restaurante San Román de Escalante

Carrasco, Rafael y José, Restaurante El Refectorio

Casals, Kiko, Restaurante Anthuriun

Cuevas, Sixto, Restaurante El Rincón de Pepe

Dacosta, Quique, Restaurante El Poblet

De la Osa, Manuel, Restaurante Las Rejas

D. Cidón, Carlos, Restaurante Vivaldi

Rodríguez, Pepe, Restaurante El Bohío

Sáez, Jesús, Restaurante Casa Toni

Salvador, Víctor, Restaurante Chez Víctor

Sánchez, Jesús, Restaurante Cenador de Amós

Santamaria, Santi, Restaurante Can Fabes

Schwaiger, Gerhard, Restaurante Tristán

Velasco, Óscar, Restaurante Santceloni

Vicente, Toñi, Restaurante Toñi Vicente

Los aceites de oliva en la gastronomía del siglo XXI

1 ABACO - Frutado suave
Ideal S.A.
C/ Comercio, 64
43500 Tortosa (Tarragona)

2 ABBAE DE QUEILES - Frutado suave
Hacienda Queiles S.L.
Ctra. Tudela-Tarazona km. 12
31522 Monteagudo (Navarra)

3 ANTARA - Frutado suave
Coselva (Cooperativa Agrícola de La Selva del Camp)
C/ Mayor, 50
43470 La Selva del Camp (Tarragona)

7 BALLESTER - Frutado suave
Juan Ballester Rosés Sucesores
Pza. Alfonso XII, 8
43500 Tortosa (Tarragona)

8 BASILIPPO - Frutado suave
Oleomorillo
C/ Real, 99
41520 El Viso del Alcor (Sevilla)

9 BAU - Frutado suave
Ideal S.A.
C/ Comercio, 64
43500 Tortosa (Tarragona)

los mejores

4 ARTEOLIVA - Frutado suave
Compañía Alimentaria del Sur de Europa S.A.
Pol. Ind. "El Garrotal"
14700 Palma del Río (Córdoba)

5 AVIENO - Frutado suave
Avieno Olive Oil S.L.
43790 Riba-Roja d'Ebre (Tarragona)

6 AZZAIT - Frutado suave
Aceites Azzait S.L.
C/ Pilar de la Imprenta, 6
23002 Jaén

10 BETIS - Frutado suave
Torres y Ribelles S.A.
Ctra. N IV km. 555,9
41700 Dos Hermanas (Sevilla)

11 BORGES RESERVA DE LA FAMILIA - Frutado intenso
Aceites Borges Pont S.A.
Avda. J. Trepat, s/n
25300 Tárrega (Lérida)

12 BORGES VIRGEN EXTRA - Frutado intenso

Aceites Borges Pont S.A.

Avda. J. Trepat, s/n

25300 Tárrega (Lérida)

13 CANOLIVA - Frutado intenso

Antonio Cano e Hijos S.A.

Ctra. de la Estación, s/n

14880 Luque (Córdoba)

14 CAPIOLIVA - Frutado intenso

Coreysa S.A.

Paseo S. Arcadio, s/n

41640 Osuna (Sevilla)

18 CLADIUM - Frutado intenso

Euroliva S.A.T.

Ctra. Estepa-Guadix. km. 67,2

14810 Carcabuey (Córdoba)

19 CONDE DE ARGILLO - Frutado intenso

S.A.T. Nª Sra. de la Esperanza

Avda. Deusto, 16 (Urb. La Florida)

28023 Madrid

20 CONSUL - Frutado suave

Oilex S.A.

Pol. Ind. "Sª Ana"

28529 Rivas-Vaciamadrid (Madrid)

aceites

15 CARBONELL ARBEQUINA - Frutado intenso

Grupo SOS Cuétara

Paseo de la Castellana, 51

28046 Madrid

16 CARBONELL GRAN SELECCIÓN - Frutado intenso

Grupo SOS Cuétara

Paseo de la Castellana, 51

28046 Madrid

17 CASTILLO DE TABERNAS - Frutado suave

Olivar del Desierto S.L.

C/ Castelar, 15 - sótano 1

04001 Almería

21 COOSUR - Frutado intenso

Aceites Coosur S.A.

Ctra. de la Carolina km. 29

23220 Vilches (Jaén)

22 CORTIJO DE BIZARRÓN - Frutado intenso

Cortijo Bizarrón, S.A.

Ctra. de la Estación, 3

14900 Villaharta (Córdoba)

23 CORTIJO de GOBANTES - Frutado intenso

Coreysa S.A.

Paseo de San Arcadio, s/n

41640 Osuna (Sevilla)

24 CRISMONA - Frutado suave

Crismona S.A.

C/Baena, 25

14860 Doña Mencía (Córdoba)

25 DAURO DE AUBOCASSA - Frutado suave

Bodegas Roda S.A

Avda. Vizcaya, 5

26200 Haro (La Rioja)

26 DAURO CARM - Frutado suave

Bodegas Roda S.A

Avda. Vizcaya, 5

26200 Haro (La Rioja)

27 DAURO DE L'EMPORDÀ - Frutado suave

Bodegas Roda S.A

Avda. Vizcaya, 5

26200 Haro (La Rioja)

28 DINTEL (ACEITE DE OLIVA VIRGEN EXTRA)

- Frutado intenso

Aceites Toledo S.A.

Paseo Pintor Rosales 4 y 6

28008 Madrid

29 DINTEL SELECCIÓN ESPECIAL - Frutado intenso

Aceites Toledo S.A.

Paseo Pintor Rosales 4 y 6

28008 Madrid

30 EL MOLINO DE SAN NICOLÁS - Frutado suave

Aceites Nicolás

C/ 3 de Agosto, 15

21003 Huelva

31 EL RUISEÑOR - Frutado intenso

Moli d'Oli Gasull S.A.

C/ San Juan, 29

43201 Reus (Tarragona)

32 ESPUNY VIRGEN EXTRA 1917 - Frutado intenso

Coreysa S.A.

Paseo S. Arcadio, s/n

41640 Osuna (Sevilla)

33 FRAGATA - Frutado suave

Ángel Camacho S.A.

Avda. del Pilar, 6

41530 Morón de la Frontera (Sevilla)

34 GASULL - Frutado intenso

Establecimientos Félix Gasull S.A.

C/ San Juan, 29 Apdo. 73

43201 Reus (Tarragona)

35 GERMÁN BAENA - Frutado intenso

Germán Baena S.C.A.

Ctra. Valenzuela, s/n

14850 Baena (Córdoba)

36 GERMANOR - Frutado suave

Agrolés S.C.C.L.

C/ Virgen de Monserrat, 29

25400 Les Borges Blanques (Lérida)

37 GOYA - Frutado intenso

Goya en España, S.A.

Apartado de Correos, 60

Ctra. Sevilla-Málaga, km. 5,4

41500 Alcalá de Guadaira (Sevilla)

38 **GRAN INSIGNIA** - Frutado intenso

Aceites Gran Insignia

C/ Zurbarán, 6

23400 Úbeda (Jaén)

39 **HACIENDA 1917** - Frutado intenso

Aceites Fuencubierta S.A.

C/Alcalde Velasco Navarro, 6

14004 Córdoba

40 **HACIENDA DE BRACAMONTE** - Frutado suave

Hacienda de Bracamonte S.A.

Manuel María González, 12

11403 Jerez de la Frontera (Cádiz)

41 **HACIENDA FUENCUBIERTA** - Frutado intenso

Aceites Fuencubierta S.A.

C/Alcalde Velasco Navarro, 6

14004 Córdoba

42 **HACIENDA GUZMÁN** - Frutado suave

Aceites del Sur S.A.

Ctra. Madrid-Cádiz km. 550,6

41700 Dos Hermanas (Sevilla)

43 **HACIENDA LA LAGUNA (ARBEQUINA)** -

Frutado intenso

Aceites La Laguna S.A.

Camino de la Laguna, s/n

23529 Puente del Obispo (Jaén)

44 **HACIENDA LA LAGUNA (MANZANILLA)** -

Frutado intenso

Aceites La Laguna S.A.

Camino de la Laguna, s/n

23529 Puente del Obispo (Jaén)

45 **HACIENDA LA LAGUNA (PICUAL)** - Frutado intenso

Aceites La Laguna S.A.

Camino de la Laguna, s/n

23529 Puente del Obispo (Jaén)

46 **HOJIBLANCA** - Frutado suave

Hojiblanca S.Coop.And. Apartado 172

Ctra. de Córdoba, s/n

29200 Antequera (Málaga)

47 **HOJIBLANCA SELECCIÓN** - Frutado intenso

Hojiblanca S.Coop.And. Apartado 172

Ctra. de Córdoba, s/n

29200 Antequera (Málaga)

48 **JCI** - Frutado suave

Grupo Aceites Iplantaoliva S.L.

Ctra. Fuencubierta km. 8,3

14120 Fuente Palmera (Córdoba)

49 **JÚCARO** - Frutado intenso

Industrias del Suroeste S.A. (INDESUR)

Polígono Industrial "El Pabellón", parcela 1.6 - 1.7

06380 Jerez de los Caballeros (Badajoz)

50 **KOIPE** - Frutado suave

SOS Cuétara S.A.

Paseo de la Castellana, 51

28046 Madrid

51 **L´ESTORNELL** - Frutado suave

VEÁ S.A.

Plaza de las Escuelas, s/n

25175 Sarroca de Lleida (Lérida)

52 LA AMARILLA DE RONDA INTENSO -
Frutado intenso
La Amarilla de Ronda
Velázquez, 53
28001 Madrid

53 LA AMARILLA DE RONDA SUAVE - Frutado suave
La Amarilla de Ronda
Velázquez, 53
28001 Madrid

54 LA ANDALUZA - Frutado intenso
Aceites del Sur, S.A.
Ctra. N IV km. 555,9
41700 Dos Hermanas (Sevilla)

55 LA BOELLA (ARBOSANA) - Frutado suave
Molí La Boella S.L.
Aptdo. 43
43110 La Canonja (Tarragona)

56 LA BOELLA (KORONEIKI) - Frutado suave
Molí La Boella S.L.
Aptdo. 43
43110 La Canonja (Tarragona)

57 LA BOELLA PREMIUM - Frutado suave
Molí La Boella S.L.
Aptdo. 43
43110 La Canonja (Tarragona)

58 LA CHINATA - Frutado intenso
Cia. Oleícola Siglo XXI S.L.
Ctra. Trujillo, km. 1
10600 Plasencia (Cáceres)

59 LA ESPAÑOLA - Frutado intenso
Aceites del Sur S.A.
Ctra. Madrid-Cádiz km. 550,6
41700 Dos Hermanas (Sevilla)

60 LA MASÍA - Frutado suave
Aceites La Masía S.A.
Ctra. Madrid-Cádiz km. 556
41700 Dos Hermanas (Sevilla)

61 LA PEDRIZA - Frutado intenso
F. J. Sánchez Sucesores S.A.
C/ Campanario, s/n
04270 Sorbas (Almería)

62 LOS VERGELES DE MORAILA - Frutado intenso
Explotaciones Agrícolas Jiménez, S.L.
Ctra. Nacional 340, km. 385
50420 Tabernas (Almería)

63 MAEVA - Frutado intenso
Torres Morente S.A.
Pol. Juncaril, parc. 334
18220 Albolote (Granada)

64 MARQUÉS DE GRIÑÓN-CAPILLA DEL FRAILE
- Frutado suave
Ribera de Pusa S.L.
Finca Capilla del Fraile
45654 San Bartolomé de las Abiertas (Toledo)

65 MARQUÉS DE VALDUEZA - Frutado intenso
La Canaleja S.A.
C/ Marqués de Riscal, 11-3º 1
28010 Madrid

66 **MERULA** - Frutado intenso
La Canaleja S.A.
C/ Marqués de Riscal, 11-3º 1
28010 Madrid

67 **MONTERREAL** - Frutado suave
Aceites Monterreal S.A.
Avda. Rafael Castro, s/n
14640 Villa del Río (Córdoba)

68 **MUELOLIVA** - Frutado suave
Mueloliva S.L.
C/ Ramón y Cajal, 85
14800 Priego de Córdoba (Córdoba)

69 **MUSA** - Frutado suave
Moreno S.A.
C/ Fuente de la Salud, 2
14006 Córdoba

70 **NECTAR PREMIUM VIRGEN EXTRA** - Frutado suave
Med International Import & Export, S.A.
C/ Escultor Pablo Gargallo, 18
14012 Córdoba

71 **NÚÑEZ DE PRADO** - Frutado intenso
Núñez de Prado C.B.
Avda. de Cervantes, 15
14850 Baena (Córdoba)

72 **OLEOESTEPA** - Frutado intenso
Oleoestepa, S.C.A.
Pol. Ind. "Sierra Sur" Apdo. 90
41560 Estepa (Sevilla)

73 **OLI DE PAU** - Frutado suave
Coop. Agrícola de Pau Roses (Empordàlia)
Ctra. de Roses, s/n
17494 Pau (Gerona)

74 **OLIGOR** - Frutado intenso
Muñoz Vera e Hijos S.A.
Apdo de correos 131
14940 Cabra (Córdoba)

75 **OLIMPO** - Frutado suave
ACEITES OLIMPO S.A.
Ctra. Mahora km. 3
02005 Albacete

76 **OLITERRA** - Frutado suave
Aceites Toledo S.A.
Paseo del Pintor Rosales, 4 y 6
28008 Madrid

77 **ORO DE GÉNAVE** - Frutado intenso
Avenida de la Estación, s/n
23392 Génave (Jaén)

78 **OROBAENA** - Frutado intenso
Orobaena S.A.T.
Crta. A-305 (Baena-Albendín) km. 58,200
14850 Baena (Córdoba)

79 **ORONOVUS** - Frutado intenso
Orobaena S.A.T.
Crta. A-305 (Baena-Albendín) km. 58,200
14850 Baena (Córdoba)

80 **PAGO DE LOS BALDÍOS DE SAN CARLOS** -
Frutado intenso
Pago de los Baldíos de San Carlos S.L.
Paseo Eduardo Dato 15 Apdo. 8º izda.
28010 Madrid

81 **PONS** - Frutado suave
EUROALIMENT Proveedor de Alimentos de Calidad S.L.
Ctra. N-230, km. 11,2
25124 Roselló (Lérida)

82 **PÓRTICO DE LA VILLA** - Frutado intenso
Manuel Montes Marín - Almazara Fuente La Madera
Ctra. Priego-Lagunillas, km. 27
Priego de Cordoba (Córdoba)

83 **PRIMICIA** - Frutado suave
Almazaras Reunidas del Bajo Aragón
Polígono "La Laguna", nave 3
44600 Alcañiz (Teruel)

84 **RAFAEL SALGADO VIRGEN EXTRA** -
Frutado intenso
Rafael Salgado S.A.
Pol. Ind. "Santa Ana"
C/ Fundición, 6
28529 Rivas-Vaciamadrid (Madrid)

85 **ROMÁNICO ESENCIA** - Frutado intenso
Agroles, S.C.C.L.
C/ Virgen de Monserrat, 29
25400- Les Borges Blanques (Lérida)

86 **SABA** - Frutado suave
Sagarra Bascompte, S.A.
Ctra. N II, km. 555
08700 Igualada (Barcelona)

87 **TORRE DE LA VELA** - Frutado intenso
Torres Morente S.A.
Pol. Ind. "Juncaril", parc. 334
18220 Albolote (Granada)

88 **TORRE REAL** - Frutado suave
Miguel Torres S.A.
C/ Comercio, 22
08720 Villafranca del Penedés (Barcelona)

89 **VALDERRAMA (ARBEQUINA, HOJIBLANCA, PICUDO Y OCAL)** - Frutado intenso
Aceites Valderrama
C/ Camino Alto, 140
28109 Alcobendas (Madrid)

90 **VENTA DEL BARÓN** - Frutado intenso
Mueloliva S.L.
C/ Ramón y Cajal, 85
14800 Priego de Córdoba (Córdoba)

91 **VERAOLIVA ACEITE DE OLIVA VIRGEN EXTRA** -
Frutado intenso (D.O.P. "Gata Hurdes")
Veraoliva
Avenida de la Soledad, 25
10430 Cuacos de Yuste (Cáceres)

92 **YBARRA** - Frutado intenso
Grupo Ybarra, S.A.
Ctra. Isla Menor, km. 1,8
41700 Dos Hermanas (Sevilla)

93 **YOLA** - Frutado intenso
Moreno S.A.
C/ Fuente de la Salud, 2 Apdo. 101
14006 Córdoba